微课
开发与制作
一本通

博蓄诚品　编著

化学工业出版社

·北京·

内容简介

本书围绕各类微课的制作方法展开讲解。全书共11章，内容涵盖微课的基本概念、教学方案的制定、素材的收集与整理、脑图的设计、普通类课件的制作、动画类课件的制作、录屏型微课的制作、拍摄型微课的制作、交互型微课的制作、利用手机App制作微课，以及微课的分享与发布等。书中所选案例贴合实际需求，在讲解过程中，不仅穿插介绍了各种操作小技巧，还设置了"拓展练习""工具体验"等板块，旨在"授人以渔"。

本书内容实用，通俗易懂。案例讲解细致明了，且素材齐全，读者可即学即用。本书适合培训师、在线教育工作者和多媒体课件制作人员自学使用，也可用作职业院校相关专业的教材。

图书在版编目（CIP）数据

微课开发与制作一本通／博蓄诚品编著．—北京：化学工业出版社，2024.3

ISBN 978-7-122-44719-7

Ⅰ.①微… Ⅱ.①博… Ⅲ.①多媒体课件-制作-高等职业教育-教材 Ⅳ.①G434

中国国家版本馆CIP数据核字（2024）第000258号

责任编辑：耍利娜　　　　　文字编辑：李亚楠　陈小滔
责任校对：李雨晴　　　　　装帧设计：王晓宇

出版发行：化学工业出版社
　　　　（北京市东城区青年湖南街13号　邮政编码100011）
印　　装：天津裕同印刷有限公司
710mm×1000mm　1/16　印张14¼　字数279千字
2024年4月北京第1版第1次印刷

购书咨询：010-64518888　　　售后服务：010-64518899
网　　址：http://www.cip.com.cn
凡购买本书，如有缺损质量问题，本社销售中心负责调换。

定　　价：79.00元　　　　　　　　　　　版权所有　违者必究

前言 PREFACE

随着网络教学的不断兴起,学习知识变得越来越便捷化。教师的教学范围不再局限于学校课堂,而是开始运用电脑、手机等设备以微课的方式进行教学,这种教学模式为更多爱学习、想学习的人提供了便利。从教师角度看,利用微课教学不仅能够活跃课堂氛围,还能提升教学效率。从学生角度看,他们可以利用更短、更零碎的时间进行无差别化学习。因此,微课制作技术已成为各级教师必备的专业技能之一。

本书的创作初衷是解决教师在制作微课过程中所遇到的一些困难。例如,素材的快速整理、课件内容的设计与制作、各类微课的呈现方式等。熟练掌握微课制作技术,对新时代的教学来说尤为重要。为此,我们组织一线教师共同编写了本书。

❖ **本书内容概要**

本书从微课内容的开发、微课素材的收集、微课呈现的方式这三个方面进行了详细讲解。全书案例丰富,图文并茂、易于上手。在讲解过程中穿插了"经验之谈"和"注意事项"小提示板块,以便让读者能够快速掌握更实用的操作技能。同时,在每章末尾安排了"拓展练习""工具体验"板块,目的是拓宽读者视野,掌握如何使用更便捷的小工具对微课进行打磨。

章	内容	重点内容概述
第 1 章	微课的基本概念	介绍了什么是微课、微课的分类，以及微课的制作标准、制作规范和制作常用软件
第 2 章	微课教学方案的制定	介绍了教学内容的策划和脚本的制作
第 3 章	课件素材的收集与整理	介绍了文本素材、图片素材、音视频素材和动画素材的收集与处理操作
第 4 章	课件中脑图的应用	介绍了脑图的概念、脑图的组织结构、脑图的制作工具
第 5 章	普通类课件的制作方式	介绍了课件制作的基础操作、课件版式与配色、课件基本元素的应用
第 6 章	动画类课件的制作方式	介绍了为课件添加动画效果、对课件添加超链接和课件的放映操作
第 7 章	录屏型微课的制作方式	介绍了常见的屏幕录制工具和具体的录屏操作
第 8 章	拍摄型微课的制作方式	介绍了拍摄的基本常识、拍摄常用方式、拍摄的要求与标准
第 9 章	交互型微课的制作方式	介绍了 H5 微课的概念和 H5 微课的制作方法
第 10 章	微课在手机 App 中的应用	介绍了常用的手机录制 App 和手机视频剪辑 App
第 11 章	微课的分享与发布	介绍了手机投屏 App 的使用和在各类平台发布微课的操作

❖ 学习本书的方法

（1）根据自身需求，选择性地学习

如果是第一次接触微课，那么建议按照本书的结构从了解微课的概念开始学起，循序渐进，直到掌握微课制作的全过程。

如果有微课策划经验，但对于微课摄录技术方面比较困惑，那么建议先了解

第7～9章内容，熟悉各类微课，并选择一种适合自己课题的呈现方式进行重点学习。

如果对微课制作技术比较熟悉，但对于课件内容的整理比较困惑，那么建议重点学习第3～6章内容，可以帮助你梳理整个课件的制作过程。

（2）学会思考和总结

在学习过程中，要多思考，多总结。多思考别人的方法是否值得借鉴，不要盲目跟从。多总结经验，弥补自己的不足。学习是一条漫长的路，只有不断地思考总结，才能有所收获。

（3）多做多练，熟能生巧

纸上得来终觉浅。在学会某个方法后，需要不断地练习、实践，以保证技巧熟记于心。在日后运用时，才能够轻松驾驭。

❖ **本书的读者对象**

- ✓ 高等院校相关专业师生；
- ✓ 教育培训机构工作人员；
- ✓ 中学、小学和幼儿教师；
- ✓ 企业内部培训师；
- ✓ 在线教育工作人员；
- ✓ 自媒体工作人员。

本书在编写过程中力求严谨细致，但由于时间与精力有限，疏漏之处在所难免，望广大读者批评指正。

编著者

目录 CONTENTS

第1章 初次接触微课

1.1 微课的概念 …………………………………………… 002
    1.1.1 什么是微课 ………………………………… 002
    1.1.2 微课的特点 ………………………………… 002
    1.1.3 微课与课堂教学的关系 …………………… 003
    1.1.4 微课的基本结构 …………………………… 004

1.2 微课的形式 …………………………………………… 005
    1.2.1 讲解式微课 ………………………………… 005
    1.2.2 动画类微课 ………………………………… 006
    1.2.3 实验演示类微课 …………………………… 007
    1.2.4 情景拍摄类微课 …………………………… 007
    1.2.5 交互类微课 ………………………………… 008

1.3 如何制作微课 ………………………………………… 008
    1.3.1 微课制作的标准 …………………………… 008
    1.3.2 微课制作的大致流程 ……………………… 009
    1.3.3 了解微课制作的常用软件 ………………… 012

工具体验：在线抠图小工具 …………………………………… 014

第2章 微课教学方案的制定

2.1 微课教学设计 ………………………………………… 017

  2.1.1　微课教学设计原则 ················· 017
  2.1.2　选择教学课题 ····················· 018
  2.1.3　确定教学目标 ····················· 018
  2.1.4　构建教学模式 ····················· 018
  2.1.5　设计教学过程 ····················· 019
2.2　微课脚本设计 ························· 022
  2.2.1　课程脚本的重要性 ················· 022
  2.2.2　编写课程脚本 ····················· 022
  2.2.3　课程脚本编写原则 ················· 023
拓展练习：绘制教学课件结构图 ················· 024
工具体验：将 Visio 结构图导入至 Word 文档中 ····· 027

第3章　课件素材的收集与整理

3.1　获取文字素材 ························· 030
  3.1.1　通过屏幕识图获取 ················· 030
  3.1.2　通过语音输入获取 ················· 030
3.2　获取图片素材 ························· 032
  3.2.1　通过网络获取 ····················· 032
  3.2.2　通过屏幕截图获取 ················· 033
  3.2.3　图片处理工具 ····················· 035
3.3　获取音视频素材 ······················· 037
  3.3.1　通过网络获取 ····················· 037
  3.3.2　音频素材处理工具 ················· 039
  3.3.3　视频素材处理工具 ················· 042
3.4　获取动画素材 ························· 045
  3.4.1　通过软件制作动画 ················· 045
  3.4.2　通过网络获取 ····················· 046
拓展练习：录制网络视频素材 ··················· 047
工具体验：图片在线处理平台 ··················· 048

第4章 课件中脑图的应用

- 4.1 了解脑图 ············ 050
  - 4.1.1 认识脑图 ············ 050
  - 4.1.2 使用脑图的优势 ············ 050
  - 4.1.3 脑图的应用领域 ············ 051
- 4.2 脑图的结构和类型 ············ 052
  - 4.2.1 脑图的构成元素 ············ 052
  - 4.2.2 脑图的常见类型 ············ 054
- 4.3 绘制脑图的工具 ············ 057
  - 4.3.1 手绘脑图 ············ 057
  - 4.3.2 电脑绘制脑图 ············ 059
- 拓展练习：梳理小学语文《找春天》知识点 ············ 062
- 工具体验：在线绘制脑图 ············ 066

第5章 普通类课件的制作方式

- 5.1 课件制作入门操作 ············ 069
  - 5.1.1 创建课件文档 ············ 069
  - 5.1.2 新建幻灯片 ············ 070
  - 5.1.3 移动与复制幻灯片 ············ 070
  - 5.1.4 隐藏幻灯片 ············ 071
  - 5.1.5 设置幻灯片大小 ············ 072
  - 5.1.6 课件浏览模式 ············ 072
- 5.2 课件的版式及配色 ············ 074
  - 5.2.1 课件背景设置方式 ············ 074
  - 5.2.2 课件版式类型 ············ 076
  - 5.2.3 课件快速配色 ············ 078
- 5.3 课件中基本元素的应用 ············ 079

　　　　5.3.1　文字元素……………………………………079
　　　　5.3.2　图片元素……………………………………081
　　　　5.3.3　图形元素……………………………………083
　　　　5.3.4　表格元素……………………………………084
　　　　5.3.5　音视频元素…………………………………087
　　拓展练习：完善高中数学课件内容……………………091
　　工具体验：利用PowerPoint软件进行屏幕截图………094

第6章　动画类课件的制作方式

　　6.1　为课件添加动画效果…………………………………096
　　　　6.1.1　设置4种基本动画……………………………096
　　　　6.1.2　调整动画的播放参数…………………………100
　　　　6.1.3　设置组合动画…………………………………102
　　　　6.1.4　添加页面切换动画……………………………104
　　6.2　课件的链接设置…………………………………………105
　　　　6.2.1　课件内部链接…………………………………105
　　　　6.2.2　课件外部链接…………………………………107
　　　　6.2.3　添加链接按钮…………………………………107
　　6.3　放映课件内容……………………………………………108
　　　　6.3.1　了解放映类型…………………………………108
　　　　6.3.2　选择课件放映方式……………………………109
　　　　6.3.3　在课件中添加注释……………………………112
　　拓展练习：制作触发动画效果…………………………114
　　工具体验：几何画板功能简介…………………………116

第7章　录屏型微课的制作方式

　　7.1　使用PowerPoint录制视频……………………………120

  7.1.1　录制视频……………………………………………120

  7.1.2　保存视频……………………………………………121

 7.2　使用Camtasia录制视频………………………………………122

  7.2.1　录制前的准备………………………………………122

  7.2.2　开始录制视频………………………………………124

 7.3　使用Camtasia处理视频………………………………………125

  7.3.1　剪辑视频内容………………………………………126

  7.3.2　添加文字注释与字幕………………………………127

  7.3.3　处理视频声音………………………………………132

  7.3.4　设置光标效果………………………………………133

  7.3.5　添加视频转场特效…………………………………134

 7.4　导出录制视频…………………………………………………135

  7.4.1　导出视频……………………………………………136

  7.4.2　视频批量导出………………………………………138

 拓展练习：利用Camtasia缩放视频画面……………………………140

 工具体验：EV录屏软件……………………………………………143

第8章　拍摄型微课的制作方式

 8.1　微课拍摄的基本常识…………………………………………147

  8.1.1　拍摄微课的硬件标配………………………………147

  8.1.2　微课画面的构图原则………………………………149

  8.1.3　拍摄运镜技巧………………………………………150

  8.1.4　拍摄的景别与角度…………………………………150

 8.2　微课常见的拍摄方式…………………………………………153

  8.2.1　传统课堂拍摄方式…………………………………153

  8.2.2　虚拟场景拍摄方式…………………………………153

  8.2.3　自主拍摄式…………………………………………154

8.3 现场拍摄的要求与标准 ·················· 155
    8.3.1 拍摄场地 ························· 155
    8.3.2 妆容仪表 ························· 155
    8.3.3 语言要求 ························· 156
    8.3.4 肢体语言 ························· 156
拓展练习：为微课视频添加后期配音 ················ 157
工具体验：高质量 AI 人工智能配音 App ·············· 158

第9章 交互型微课的制作方式

9.1 了解 HTML5 微课 ······················ 161
    9.1.1 什么是 HTML5 微课 ················ 161
    9.1.2 HTML5 微课的优势 ················ 161
    9.1.3 HTML5 微课的制作平台 ·············· 162
9.2 HTML5 微课的制作方法 ················· 163
    9.2.1 选择微课创作方式 ·················· 164
    9.2.2 制作微课基本内容 ·················· 166
    9.2.3 插入微课反馈信息 ·················· 173
    9.2.4 保存并发布微课内容 ················ 174
拓展练习：在 H5 微课中添加数据图表 ··············· 175
工具体验：使用 CourseMaker 制作交互式微课 ·········· 177

第10章 微课在手机 App 中的应用

10.1 常用的手机 App 录制工具 ················ 181
    10.1.1 手机自带录屏工具 ················· 181
    10.1.2 WPS Office 录制工具 ··············· 183

10.2　用手机App剪辑视频……184
　　10.2.1　常用视频剪辑App……185
　　10.2.2　导入视频素材……185
　　10.2.3　剪辑视频内容……186
　　10.2.4　添加视频字幕……191
　　10.2.5　视频导出……192
拓展练习：为录制视频添加转场效果……192
工具体验：制作画中画效果……194

第11章　微课的分享与发布

11.1　手机投屏共享微课……196
　　11.1.1　手机自带投屏工具……196
　　11.1.2　手机投屏App……197
11.2　微课视频的发布……198
　　11.2.1　在网站平台中发布……198
　　11.2.2　在QQ群或微信群中发布……201
　　11.2.3　在钉钉/企业微信App中发布……203
拓展练习：在抖音平台中发布微课……204
工具体验：在哔哩哔哩平台中发布微课……206

附录

附录A　轻松录制可汗式微课……208
附录B　PPT课件制作常用快捷键汇总……214

第 1 章
初次接触微课

　　微课是一种新型的教学方式，它的出现为传统的课堂教学注入了新的活力，它能够有效地解决传统课堂教学中存在的问题，也能够有效地引导学生自主学习，并提高学生的学习兴致。本章将对微课这种教学模式进行简单介绍，使读者了解什么是微课、微课的组成形式，以及微课制作的大致流程。

扫码观看
本章视频

1.1 微课的概念

随着互联网技术的快速发展以及多媒体技术的广泛应用,微课这门新兴技术应运而生。它是目前较为流行的教育模式,人们可以通过线上资源和移动设备,随时随地地进行碎片化学习。

1.1.1 什么是微课

微课是以视频为主要载体的网络教学资源,是"微型视频网络课程"的简称,又称"微课程"。它是主要以某个学科的相关知识点而展开的教学活动,是一种辅助教学的手段。

微课没有复杂的课程体系,也不像课堂授课模式那样全面系统。一节微课只讲授一个知识点,主要是针对特定目标人群,为传递特定的知识内容而制作的。虽然微课没有传统教学那样成体系,但每一节微课中所讲授的知识点还是要成系统的。例如,同样都要有知识导入、知识讲授、巩固练习、归纳小结等几个教学环节。如图1-1所示的是全国微课大赛获奖作品《趣味逻辑运算》的局部截图。

图1-1

1.1.2 微课的特点

微课作为开放式的流媒体教学资源,在制作时需要遵循一定的特点。

(1) 时间短

微课视频短小精悍,时长一般控制在10分钟以内。在这个时间段内学生的注意力比较集中,能有效地提升学习的积极性。

(2) 针对性强

一节微课只讲授一个重要知识点或某个特殊的问题，具有很强的针对性。它避免了不同知识之间的相互干扰，从而帮助学生加深对该知识点的印象。

(3) 便于传播

微课所占容量一般都比较小，且视频格式是支持网络传播的流媒体格式，便于上传与下载，在互联网传播上有着极大的优势。学生可以自由选择学习方式，学习地点、学习时间也不受限制。

(4) 自主学习

微课可将知识点按照学生不同的学习程度、学习水平进行划分，方便学生根据自身需求自主选择。另外，微课具有教学时间短、可反复观看的特点，方便学生在有限的时间内进行强化训练。

1.1.3 微课与课堂教学的关系

微课是在课堂教学基础上继承和发展起来的新型教学模式，是课堂教学的有效补充形式。这两种教学模式各有利弊，如果将它们有效结合起来，相信学生们的学习效率将会有所提升。

(1) 课堂教学的优劣势

传统课堂教学的时间为45分钟，教师可充分地利用这个时间将各知识点进行系统、详细的讲解。知识覆盖面比较广，学生也能够很好地掌握到完整的知识体系。此外，课堂教学以教师讲授为主，教师可以实时根据学生给予的反馈进行调整。而正因为课堂讲授的知识面比较广，所以课堂教学缺乏灵活性，讲授重点不易突出。再者，课堂教学注重的是学生整体学习效率，对于个别接受能力不强的学生，教师也无法面面俱到。

(2) 微课教学的优劣势

一节微课的时长通常为5～8分钟，只讲授一个知识点，带有很强的针对性。教学内容明确，讲授时间短，学生的注意力也能高度集中。此外，微课对于学生学习的时间、学习的地点是没有限制的。学生可随时随地借助电脑、手机、平板等电子设备进行学习。相比于课堂教学，微课则更强调学习的自主性。

由于微课的教学时间短、讲授的知识少，无法像传统的课堂教学那样系统全面，所以学生掌握的知识点就比较零散，不成体系。

(3) 微课与课堂教学有效整合

将微课合理地引入课堂教学中，可以激发学生学习的积极性，让学生体会到学习的乐趣。

① 课前自主预习　课前，教师将授课的重点用简易的动画或图片，加以引导，制作成微课，让学生们课前自主预习，带着疑问在课堂上与教师进行良好的互动，实现了"先学后教，以学定教"的课堂教学模式，大大提升了课堂教学效率。

② 课中研究学习　课中，教师可以利用微课来引导学生对教学的难点、重点内容进行研究学习，从而弥补传统课堂单一化的教学模式，起到取长补短的作用。此外，在实验课中，教师可将实验的过程用视频的方式录制下来做成微课进行播放，这样一来，学生能够直观地看到实验全过程，有助于学生对知识点的消化和吸收。

③ 课后巩固复习　课后，教师可将教学的重点和难点做成微课分享给学生，学生可以随时根据自己掌握的情况进行有针对性的巩固练习。教师也可以根据学生的作业、测试情况制作相关的微课视频，让学生有针对性地进行查漏补缺，举一反三。

1.1.4 微课的基本结构

虽说微课时长只有短暂的几分钟，但再"微"小，它也是一节课，课程该有的结构还是要有的。合理的课程结构可以很好地帮助学生梳理知识内容，还能够帮助微课制作者理清教学思路。

通常，微课包含课程导入、课程讲解、课程总结这三个部分，如图1-2所示。

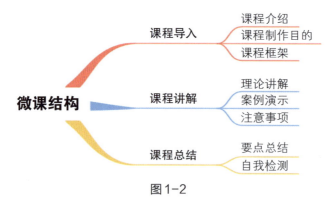

图1-2

（1）课程导入

课程导入是让学生了解这节课的主要内容，并用提问、情境导入、实验导入等方式激发学生学习的意愿，引导学生思考，吸引学生的注意力，让学生带着疑问去学习。

（2）课程讲解

课程讲解这一部分是微课的核心。制作者可以利用文字、图像、动画、音乐等元素对知识点进行讲解。在讲解的过程中要适当用一些案例去验证理论,让学生知其然,更知其所以然。

(3) 课程总结

课程主体内容讲解完成后,为了加深学生的记忆,可对本节课所强调的重点、难点进行总结,或是利用测试题让学生自我检测一下本节课的学习效果。

1.2 微课的形式

微课的形式有很多:按照教学方式,可分为讲授类、问答类、启发类、演示类等;按制作技术,可分为拍摄型、录屏型和动画型等。不同类型的微课,其用途也不同。本节将对以下常见的5种微课形式进行简单介绍。

1.2.1 讲解式微课

讲解式微课很常见,它主要是以讲解知识点的形式来呈现。讲解式也分为真人出镜式和屏幕录制式两种。

真人出镜式采用教师出镜+多媒体大屏的形式录制,如图1-3所示。这种形式可以用抠像技术将教师讲解的画面与PPT录屏画面相结合,也可以用摄像设备现场录制教师讲课的全过程。

图1-3

屏幕录制式采用录屏软件直接录制电脑屏幕上的操作,教师可采用画外音来讲解课程内容,如图1-4所示。边操作,边解说,可帮助学生快速理解和记忆。这种形式常用于各类软件操作的教学,例如Photoshop软件、Office办公软件、电脑系统软件等。

图1-4

 经验之谈

口播类微课是在普通微课的基础上，加入一些娱乐或趣味性元素，使其形式更加轻松活泼，节奏更加明快。此类微课一般为自拍式、演说式、采访式，教师本人需出镜讲解，背景形式和内容不限，可以是虚拟演播厅、实物或无任何背景道具，时间不超过4分钟。

1.2.2 动画类微课

动画类微课用通俗易懂的文字、图画等方式来讲解一些较为复杂、抽象的知识点。这类微课可分为手绘动画和MG动画两种。手绘动画微课通过模拟绘制的过程为学生提供思考时间，以手绘动画的方式将知识内容展示出来，如图1-5所示（图片出自《认识线段》微课）。

MG动画微课使用动画制作软件虚拟场景制作，通过动画形式呈现知识。用旁白或设计动画人物代替教师讲解，如图1-6所示（图片出自《三角形的面积》微课）。

图1-5

图1-6

动画类微课的趣味性比较强,能够吸引学生的注意力,激发学生的兴趣,寓教于乐,学生能够沉浸在微课中,从而得到良好的学习效果。

实验演示类微课

实验演示类微课主要用于技能实训或实验过程中对某个知识点或环节进行示范教学。学生通过观看这类微课视频,从而掌握基本的实验技术、操作方法等核心内容,解决了传统实验课上实验资源不足、课堂时间有限、实验教学只关注结果而忽视过程和细节等问题,如图1-7所示(图片出自苏教版科学课堂视频号)。

图1-7

情景拍摄类微课

情景拍摄类微课可称为微电影,它将要讲授的知识点融入现实情境中,并通过有趣的情节向学生传递相关知识。这类微课适用于主题教育场景,例如,防溺水教育、爱国教育等,如图1-8所示(图片出自防溺水安全教育微课)。

图1-8

微课开发与制作一本通

1.2.5 交互类微课

交互类微课是微课使用者与微课内容之间、学生与教师之间进行互动的一类微课。它囊括了一般微课的教学功能，更加注重增添互动环节，使互动贯穿整个教学过程，使教学过程变为一个双向互动的过程，如图1-9所示（图片出自幼儿涂色微课）。

目前交互类微课主要采用HTML5技术来构建，将HTML5与微课相结合，使得交互类微课更具有独特魅力和优势。

图1-9

1.3 如何制作微课

在对微课有了大致的了解后，接下来将对微课制作的一些规范、制作流程以及制作微课常用的软件进行简单介绍。

1.3.1 微课制作的标准

在制作微课前，先要了解微课制作的一些标准。

（1）内容标准

- 微课视频时长5～8分钟，一般不超过10分钟。
- 合理设计讲课脚本，讲解精练、重点突出。
- 授课过程中可以适当提问，引发思考。教师的语速要有变化，语言尽可能风趣、幽默，以避免说教式的照本宣科。
- 不要有与本课程无关的画面在内，例如与别人谈论非本课程的内容。
- 课程内容还需包含相应的扩展学习资源，如自我检测的试题、案例制作的源文件、与课程内容相关的学习资料等。

（2）技术标准

① 拍摄类微课技术标准如下：

- 视频压缩采用H.264格式编码，视频格式应为MP4或FLV格式。

- 视频图像稳定、对焦清晰、构图合理、镜头运用恰当。
- 视频分辨率可设定为720×576、1280×720或1920×1080。
- 视频帧率为25帧/秒,扫描方式采用逐行扫描。
- 声音采用双声道。要求清晰、饱满、圆润、无失真、无噪声。

② 录屏类微课技术标准如下:
- 录屏的分辨率应采用1024×768或1280×720。屏幕分辨率需在录制之前调整好,不要出现特殊的分辨率,否则会出现画面模糊变形的问题。
- 如需录制PowerPoint课件内容,则需将课件事先调整为合适的长宽比。
- 声音采用双声道,要求音质清晰、无杂音,音量适中。如要加入背景乐,其音乐声要小于解说声。
- 录屏输出格式应为MP4格式。

③ 动画类微课技术标准如下:
- 视频输出格式应为MP4或FLV格式。一节微课一个视频文件,可上传至网络进行在线学习。
- 视频分辨率应采用800×600,或者1024×768等通用分辨率,以方便在各种显示器上播放。
- 动画内容应流畅、完整,解说声清晰,与画面同步。

1.3.2 微课制作的大致流程

在制作微课时,可按照以下6个步骤来制作,如图1-10所示。

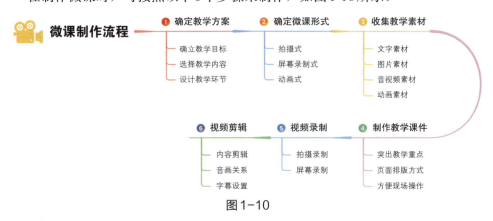

图1-10

(1) 确定教学方案

确定教学方案包括确立教学目标、选择教学内容、设计教学环节等。它是微课制作的基础,确定了教学方案后,就可以按照教案程序一步步地往下执行。教案设计的相关知识会在第2章中进行详细讲解。

（2）确定微课形式

教案确定后，就要考虑选择哪一种微课形式来呈现。不同的微课内容，其表现形式也应不同。如果是普通的知识点讲解，可采取录屏式；如果是理科经典例题的讲解，可以采取拍摄式；如果所讲解内容需要空间想象，或各类图形变换，则可以采取动画式。

（3）收集教学素材

准备好教学所用素材，可以防止在授课过程中出现缺这少那的状况，耽误授课节奏和进度。教学素材包含文字、图片、视频、音频、动画等，不同的素材收集的方式也不同。

① 文字素材　若文字内容较少，可以通过键盘直接输入。如果文字内容较多，可以使用语音识别，或者文字识别软件来输入文字。此外，还可在互联网中下载需要的文字内容。

② 图片素材　图片可以更加形象地展示内容。用户可以利用各种设备来获取图片素材，例如：用截图软件进行截图保存；用扫描仪扫描保存；用相机拍照保存；用各类图像软件处理而成。

③ 视频素材　视频是极具表现力的多媒体素材，常见的流媒体视频格式包括AVI、MOV、MP4等。视频素材获取方法有两种：用数码相机拍摄和网络下载。

④ 音频素材　音频可以增加微课画面的生动性。用户可使用录音机录制声音，也可在网络上下载所需的声音资源，还可在现有视频素材中剥离声音。

⑤ 动画素材　动画具有生动、有趣的特点，在微课设计中适当地添加动画素材可以增加微课的趣味性，吸引学生的注意；同时，动画还可以展现现场无法拍摄的场景效果。动画素材收集相对麻烦一些，有制作经验的教师可以利用各类动画制作小软件自行制作，无经验的教师可在网络上下载相关动画资源。

教学素材收集好后，可按照不同的属性将素材分类，以便在制作课件时方便查找使用。

（4）制作教学课件

制作教学课件是微课制作的重要环节。教学课件就是将收集的文字、图片、音/视频、动画等素材按需融合在一起，并用大纲的形式展现出来，以帮助学生理清本节课的知识结构，同时也帮助教师在授课过程中避免出现跑题或忘词的情况。

在制作教学课件时，需要遵循以下三点。

① 突出教学重点　教学课件只需突出本节课的重点，对于其他辅助内容，教师可在授课时一带而过。千万不要将所有内容一字不差地都安排上，这样，学生无法从中提炼出课程重点，从而打消了学习的积极性。

注意事项：课件在授课过程中只起到引导的作用，引导教师下一步该说什么，该做什么。如果教师把课件当作台词本一字一句地读，那这样的微课就没有存在的意义了。

② 页面排版方式　课件的页面版式要简洁大方，色彩搭配要统一和谐，如图1-11所示。使用图文并茂的方式来展现关键内容，这样教师讲得轻松，学生也能一目了然。此外，充分利用课件中的动态功能，将动态画面和静态画面有机地结合，从而增强课件的趣味性。

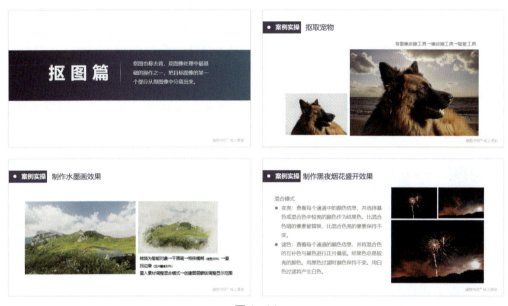

图1-11

③ 方便现场操作　课件设置要简便、灵活，方便教师现场操作。在课件画面中设置好明确的菜单按钮或链接图示，以方便切换指定的页面。

(5) 视频录制

视频录制是微课制作的核心环节。根据微课形式，利用各种录像设备、录制软件，结合教学课件同步录制成视频。

① 拍摄录制　录制场地可以是教室或演播室。场地环境要保持安静、整洁，光线要充足。在录制过程中，教师要适当地与镜头有眼神交流，身姿体态自然、大方即可。

② 屏幕录制　这类录制方式大多采用各种屏幕录制软件进行录制。在录制前，调整好屏幕中的显示内容，确保话筒能正常录音，并调整好话筒声音的大小即可开始录制。

在录制过程中教师吐字要清晰，用词要准确，声音要洪亮。教师的语速和节奏也要把控好，该停顿时要停顿，让学生有反应的时间。

(6) 视频剪辑

视频剪辑是对录制好的视频内容进行调整，例如，删除有误的操作或者口误的地方、添加片头片尾、添加字幕、添加转场特效等。在进行剪辑时，通常要注意以下几点。

① 内容剪辑　剪辑内容时应使画面内容符合视觉习惯和认知规律，让修剪后的内容更为流畅自然。用户可以先进行粗剪，即先剪掉视频中的口误、重复、表达不清的地方，初步搭建好内容的基本构架；然后再进行精剪，即对粗剪的内容进行再加工，调整视频的节奏和氛围，重复多次，直到对剪出的效果满意为止。

② 音画关系　音画同步是视频最基本的要求。如果声音已讲解到第二点了，而视频画面还停留在第一点的内容上，这明显不合适。

③ 字幕设置　字幕可以直观地展示微课内容，便于学生理解与学习。这一点对于普通话不标准的教师来说尤为重要。此外，为关键性的内容添加说明词，例如，对某个函数进行解释、对某个生词进行说明，或使用某个快捷键来操作等，这样既突出了重点信息，又加深了学生对此的印象。

1.3.3 了解微课制作的常用软件

常见的微课制作方法包括录屏、拍摄和软件制作等。不同的制作方法需要使用的软件也有所不同，下面将对一些常用软件进行介绍。

（1）课件制作软件

市面上课件制作软件有很多，常用的有PowerPoint、Animate、几何画板等。其中，PowerPoint软件很受教师青睐。该软件集文字、图片、图形、表格、动画、音/视频、交互功能于一体，同时也支持外部文件的导入操作，节省了用户制作的时间，提高了制作效率，如图1-12所示。PowerPoint对电脑和系统也没有过高的要求，是微课制作必备软件之一。

图1-12

与其他软件相比，PowerPoint有以下特点：
- 保存方便，便于传播与交流；
- 功能强大，表现形式多样，教师可以结合图、文、音、视、动画等多种元素制作更加生动形象的视频课件；
- 操作简单，初学者也可轻易上手。

(2) 截图软件

如果对图片质量的要求不高，可直接使用QQ、微信截图工具进行操作。如果对其要求比较高，可使用截图软件来操作。常见的截图软件有FastStone、PicPick、Snagit等。其中，Snagit是笔者经常使用的一款截图软件。它分为捕获面板和编辑器两部分，既能快速截图，又能将截取的图片进行常规的编辑与美化。

 经验之谈

Snagit软件还可以根据需求进行屏幕录制，以及制作各种动态图片，操作简单，对新手十分友好。

(3) 屏幕录制软件

屏幕录制软件也有很多，比较常用的有QQ录制工具、微信录制工具、迅捷屏幕录像工具、Camtasia等。其中，Camtasia软件使用率较高。该软件可以记录下屏幕的所有操作，包括影像、音效、鼠标移动轨迹、配音等。录制结束后，会即时播放录制内容，方便使用者检查。文件保存后，还可以对其进行后期剪辑操作。

Camtasia软件同样也分为两个操作界面，一个是录制面板（Camtasia Recorder），另一个是视频编辑面板（Camtasia Studio）。录制面板主要用于录制屏幕动作，如光标的移动、打字、菜单的选择，及其他任何可在屏幕上看到的内容，如图1-13所示。

图1-13

视频编辑面板主要用于剪辑和编辑视频，如修剪视频内容、调整剪辑速度、添加画面效果、转场等。此外，用户可以根据需要将视频输出为不同的格式，如图1-14所示。

(4) 音/视频格式转换软件

如果下载的视频、音频素材文件无法正常播放，可以通过格式转换软件将其转换为可用的文件格式。在这类软件中，格式工厂的使用率比较高，它支持所有类型的多媒体格式，用户只需设定好输出格式以及保存路径，即可批量进行格式转换，如图1-15所示。

图 1-14

图 1-15

在线抠图小工具

当收集的图片不符合制作需求，又不会用专业的图像处理软件进行调整时，可以使用在线小工具来操作。例如这款 removebg 在线抠图工具，就完全适合零基础人群来操作，如图 1-16 所示。

图 1-16

removebg 是一款智能 AI 自动抠图在线小工具,无须注册和登录,只需将图片拖至操作区域即可快速抠除图片背景。在 removebg 网页主界面,将所需图片直接拖至上传区域,稍等片刻,系统会自动抠除该图片背景,如图 1-17 所示。

图 1-17

第 2 章
微课教学方案的制定

微课时长只有短短的几分钟，要想在这几分钟内把知识点讲透彻、讲明白，很不容易。所以在录制微课前策划好教学方案很有必要。教学方案奠定了微课的主题基调，是微课制作的基础。充分做好课前准备，做好教案策划才能够将本节课的教学重点、难点，分层次、有条理地表达出来，从而更好地掌控讲课节奏。

扫码观看
本章视频

2.1 微课教学设计

教学计划是微课制作前的重要准备步骤，其内容包括教学目标的确立、教学内容的选择、教学模式的构建等。本节将对教学方案的制作进行说明。

微课教学设计原则

以学生为中心是微课教学的一个不可动摇的原则。微课以视频为载体，以网络为传播途径，是提供给学生自主观看、自主学习的数字化教学资源。所以，教师在策划微课教案时，须遵循以下三点原则。

(1) 内容要实用

内容实用是微课制作的首要条件。微课最终目的是让学生做到学以致用。如果老师只站在自己的角度去看问题，却没有充分考虑学生需要什么，那这样的微课是不合格的。优质的微课，会根据学生的思路展开教学。如果学生学习的目的是解决问题，那么微课可以根据学生的兴趣点、疑惑点，将教学内容分解为一系列小问题，顺着学生思路展开教学，一步步引领学生深入学习。

(2) 内容要有趣

自主学习的缺点就是约束力差，学生到底看没看，看了多久，老师无法像课堂上那样督促管理。所以作为一种提供给学生自主学习的网络资源，想要通过微课来达到理想的效果，就要满足趣味性这个基本条件。学生只有对内容感兴趣，才能够持续学习下去。

要让微课有趣，可以采用情景化引入、问题引导这两种方式。情景化引入可以唤起学生的共鸣，问题引导能够抓住学生的注意力，从而引导学生快速进入学习状态。当然，两种方式结合起来使用也很常见。

(3) 结构要完整

微课的时间虽然很短，但每一节微课仍然要表达出一个完整的内容，围绕一个知识点，有引入、有讲解、有结论。每个环节也应精心策划，以便做到思路清晰，结构紧凑，内容层层递进。

此外，一节微课只讲解一个知识点，看似很零散，但多节微课可以串联成一个完整的教学体系。在前期策划时需合理选题，不仅要确保知识结构的完整性，还要考虑到每个知识点之间的连贯性。只有这样，学生才会将所学知识和新知识主动构建，以获得完整的知识架构。

选择教学课题

课题的选择是微课教学设计的第一步，也是做好一节微课的关键一步。课题范围太大，教师无法在短短的几分钟内讲解透彻；课题范围太小，又无法展开讲解。那么到底如何把控好课题范围呢？下面归纳了几条选题思路，以供参考。

（1）选择能几分钟内讲清楚的课题

时间太长，无法体现微课的"微"这一特点；而时间太短，学生还没进入状态，课程就结束了。这都不合适。所以在选题时，一定要先考虑该课题能否在10分钟内讲透彻、讲明白。如果不能，要么拆分课题，要么果断换个课题。

（2）选择适合视频表现的课题

微课最终是以视频来展示的。不是所有课题都适合用微课来展现，例如，绘画、书法、乐器演奏等，这些是需要学生亲自体验的，不是说看视频就能够掌握的。如果课题内容用到的图像、声音、动态画面比较多，就很适合做成微课，例如摄影摄像、艺术欣赏、地形地貌等。

（3）选择教学的重点和难点

微课的目标对象是学生，所以在选择课题时，尽量挑选平时学生最容易混淆、出错的内容。不是重点内容，不选；家喻户晓的内容，不选。这样才能体现出微课的使用价值。

总之，微课制作的原则是以学生为中心，用他们的思维特点去选题，用他们的眼睛去看视频，用他们的耳朵去听声音，从能否解决学生困惑的角度去评判微课的好与坏。尽量不要选用传统的分析探究、内容拓展等老套课题。

确定教学目标

微课的课题选择好后，接下来就需要确定教学目标了。教学目标就是教学需要达到的目的。通常教学目标有三个，分别是知识能力目标、过程方法目标和情感价值观目标。在传统的课堂教学中，教师可以充分利用45分钟时间通过各种教学活动来完成教学目标；而微课由于时间短，不可能在几分钟内完成所有目标，所以在选好课题后，确定教学目标很重要。它是教学活动的出发点和最终归宿。教学目标决定着微课制作的方向。不同的教学目标，其教学过程也会有所不同。

构建教学模式

教学模式是在一定教学思想、教学理论指导下，为完成特定的教学目标和教学内容而建立起来的比较稳定的教学活动结构框架和活动程序，具有指向性、操作性、完整性、稳定性和灵活性等特点。在构建教学模式时，需要根据教学目标选择教学模式。

（1）情境化教学

教师可以有目的地设计各种情境，引导学生将知识点与现实生活建立联系，从而提高学生对知识点的理解力，实现教学目标。

（2）问题化教学

教师可以将教学目标中的重点和难点转换为问题的形式来呈现，积极引导学生主动思考、积极探索，以提问解惑的方式串联教学内容。

（3）任务化教学

在微课中搭配学习任务，让学生在看完教学视频后能主动去探究与之拓展的知识内容，引导学生举一反三，这才是学以致用、深度学习的关键。带着任务去学习，其效率会更高。

2.1.5 设计教学过程

教学过程是根据教学内容、教学目标而制定的一整套教学活动。它包括课程导入、课程讲授和课程小结这三个环节。

（1）课程导入

课程导入环节是将讲授的知识点通过某种方式介绍给学生，它是微课的先导、序曲或铺垫，包括为什么要学习这内容，这内容在什么情况下能用到，等等。精彩的导入方式有助于学生在最短的时间内进入最佳的学习状态。微课的导入方式有很多，常见的有以下几种。

① 设问导入法　这种导入方式就是先提出几个与课程有关的问题，引导学生去思考，进而产生对教学内容的探索欲。图2-1所示的是"合并同类项"数学微课堂截图（出自见"微"知著，智耀"云"端线上微课展评）。

② 趣事、典型案例导入法　这种导入方法是将社会上发生的趣事以及某些典型案例作为切入点，引出教

图2-1

学内容。通过分析这些趣事、案例来探讨教学内容，将复杂的问题简单化，从而帮助学生更好地理解消化内容。图2-2所示的是五分钟课程"谷贱伤农"微课截图（来源：国家开放大学）。

图2-2

该微课以叶圣陶的名著《多收了三五斗》为课程切入点，引导学生了解"谷贱伤农"这一经济学现象，从而对该现象展开分析。

③ 情景导入法　这种导入方法是通过播放电影、短剧、录音对话等内容创设出符合教学内容、符合学生需要的情境，以引起学生的注意力，使得学生能更快地进入学习状态。图2-3所示的是"做情绪的主人"微课赏析截图。

图2-3

该微课以《头脑特工队》电影片段为课程切入点，先把学生带入影片的情景当中，让学生了解情绪是什么，然后再引出所讲授的课题内容，增强了趣味性。

④ 复习引导法　这种导入方法是通过知识点回顾、提问、小结、提炼等方式帮助学生回顾旧知识点，建立新旧知识点的联系，起到了承上启下、温故知新的作用，从而达到最佳的教学效果。该导入法常用于复习型微课，或前后知识联系密切的微课。图2-4所示的是英语微课程教学截图（出自大道微课）。

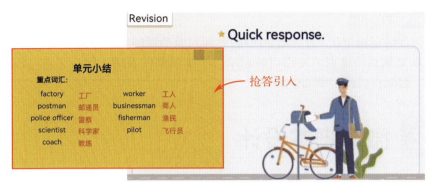

图2-4

该微课是以抢答的形式让学生们先看图片说出相关的单词,然后再对这些单词的用法进行复习,从而加深学生印象。

⑤ 演示导入法　该导入法是通过演示实验过程引出实验背后的概念、原理等知识点。演示导入法具有直观性、趣味性、过程性、变化性和启发性等特点,可以创设出理想的教学环境,充分发挥教师的引导和示范作用。它可以引导学生观察、思考、分析实验现象,激发学生的学习兴趣和探索欲,让学生在教学过程中始终保持较高的专注力。图2-5所示为"电路暗箱"微课截图(来源于苏教版科学课堂)。

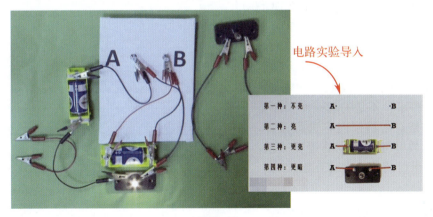

图2-5

在实际制作中,可用一种导入方式,也可多种方式混合使用。无论选择哪种方式,都要遵循时间短、简明扼要、流畅衔接、目标明确的特点,以符合微课小而精的要求。

(2) 课程讲授

课程讲授环节主要是在有限的时间内对知识点进行讲解和展示。在该环节中,教师可充分发挥自己的教学特长,但要做好内容的提炼,以重点、难点内容为主,并把控好时间。

微课开发与制作一本通

(3) 课程小结

在课程结尾预留出1分钟或30秒的时间对整节课的知识点做一个简短的小结。内容可以是重点、难点、易错点的总结,步骤思路的梳理,课后思考,或者内容引申等,起到点睛或归纳的作用。

2.2 微课脚本设计

微课脚本其实就是用表格的形式将所有教学内容具体细化,是指微课的课程大纲,是制作各类微课的依据。通过脚本可以明确了解到授课环节中的每一个细节,例如,镜头切换的位置、时间点,课件每一页所呈现的内容,课件动画设计的方式、动画数量等。

2.2.1 课程脚本的重要性

脚本是微课制作的基础,是整个微课的灵魂。脚本可使微课的整个环节更有计划性。微课的诞生需要两个过程:一是前期的脚本设计,二是后期的录制合成。和教学设计相类似,在决定制作微课后的第一件事,不是去想画面如何呈现,而是对所讲授内容进行设计,以帮助教师厘清内容的逻辑关系,把问题讲得清楚且生动有趣。

2.2.2 编写课程脚本

课程脚本可以比作视频的解说词,从片头设计、导言引入、每一段视频画面的具体内容及解说词到片尾设计和结束语等,都需要明确地写入脚本中。一般课程脚本可分为课题介绍和教学过程两个板块,如图2-6所示。

《介词"in"》课程设计脚本

关键词	英语介词、in				
所属系列课程	小学四年级英语				
教学目标	认知目标	■知道 □领会 □应用 □分析 □综合			
	情感目标	■接受 □反应 □估价 □组织 □个性化			
	技能目标	■感知 □准备 □有指导的反应 □机械动作 □适合			
课程简介	本课程介绍的是常用介词in的两种使用方法,让学生根据自己课堂学习的情况,查漏补缺				
教学过程					
幻灯片序号	知识点	画面呈现	解说		时长
1	片头	播放英语对话,引出课题	我们先来看一看这样一段对话		20秒内
2	介绍in的第一种用法	关键字加红,突出显示	首先我们来看in的第一种用法		30秒内
3	巩固第一种用法	动态展示练习题和图片	Look!There are a lot of fruit in the bag. Bananas, apples and so on		2分钟内
4	介绍in的第二种用法	关键字加红,突出显示	Now, let's see the other one.让我们来看in的第二种用法。During a period of time 在某段时间		1分钟内
5.	巩固in的第二种用法	动态展示练习题和图片	Look, there are 4 trees. 这幅图里有四棵树,它们分别代表什么呢?Can you guess?		2分钟内
6	片尾	Thank you	今天我们学习了有趣介词in的几种用法呢?对,两种,Have you got it?Great.		20秒内

图2-6

(1) 课题介绍

根据选定的课题,对该课题进行一个大概的介绍,其内容包含课题名称、课题关键词、教学目标(认知目标、情感目标、技能目标),以及课程简介。

(2) 教学过程

教学过程板块其实就是描述每个教学环节的具体内容,包括课程导入、课程讲解和课程小结这三块。

微课常常以幻灯片作为授课的主线,在编写该板块内容时需合理分配每张幻灯片的停留时间,控制好每张幻灯片解说词的长短,尽量避免有的连续几张幻灯片无解说,而有一张幻灯片有大段解说词的现象。解说词是对画面信息的必要解释和说明,语言应尽量精练,突出重点,避免信息的冗余。

具体表格的安排可根据课程需要进行编写。

2.2.3 课程脚本编写原则

在了解了脚本编写的大致内容后,接下来就来介绍一下脚本编写需要遵循哪些基本原则。

(1) 突显主题,承接大纲

在内容上,脚本应和课程主题、大纲一脉相承,准确把握主题方向,沿着大纲方向合理展开。在编写脚本的过程中,可能突然产生新的创意想法,那么在修改脚本的时候应该重新规划大纲布局,从总体框架上看微课逻辑结构是否依然是合理的,在确保框架没问题的情况下再修改脚本。

(2) 内容详细,表述准确

内容应详细具体,将知识要点、展现的画面内容、是否有解说词、教师是否出镜、幻灯片停留时间等各方面阐述清楚。大纲布局部分体现微课开发的设想,脚本就是微课的文本形式。无论是何种形式的微课,都要将每一步骤的呈现内容和形式写入脚本。

(3) 思路清晰,重点突出

脚本应结构完整,思路清晰,根据大纲思路将每个环节都串联起来,同时知识点要重点突出,人物不喧宾夺主,能将微课设计意图准确传达。一般在图文微课和技术技能类微课中,内容讲解约占80%,故事过渡语约占20%,而动画微课的知识点讲解可以根据实际情况而定。如果微课的主要内容较多,不宜插入太多无关紧要的情节。

(4) 语言活泼,有画面感

微课脚本的内容直接呈现的就是微课受众所看到的内容,虽然不同类别的微课脚本语言风格不尽相同，但总体而言，语言表述相较大纲需要更活泼细腻，叙述更详尽，描述更生动。图文微课语言简洁凝练、逻辑清晰，H5、动画、视频微课的情节描述需要有镜头感、画面感，人物对话要贴近生活。

微课脚本包含两种，一种是以上介绍的课程脚本，另一种是分镜头脚本。分镜头脚本是拍摄工作和后期剪辑的基础，它是将文字脚本全部改写成镜头，将文本内容用镜头的细节描述出来。在现场拍摄时就无须再去想如何拍摄，对照相应的分镜头脚本直接拍摄就可以了。分镜头脚本是在文字脚本的基础上进行影视语言的再创造。其脚本形式可以采用表格式、画面式等，脚本如表2-1所示。

表2-1

机号	镜号	景别	摄法	内容	台词	时长	音乐	备注
	1							
	2							
	……							

绘制教学课件结构图

课件结构图是教师在制作电子课件时所绘制的内容结构关系图示。在制作课程脚本时，可用它来展现各教学内容之间的关系。下面就以制作《岳阳楼记》课件结构图为例来介绍具体的绘制方法，效果如图2-7所示。

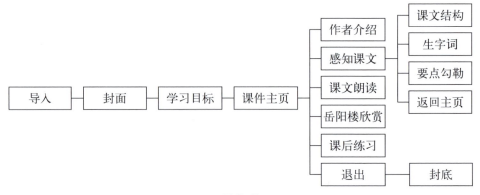

图2-7

步骤 **01**：启动Word软件，在"插入"选项卡中单击"SmartArt"按钮，打开"选择SmartArt图形"对话框，选择"层次结构"类型，并选择一款结构图示，单击"确定"按钮即可插入该图示，如图2-8所示。

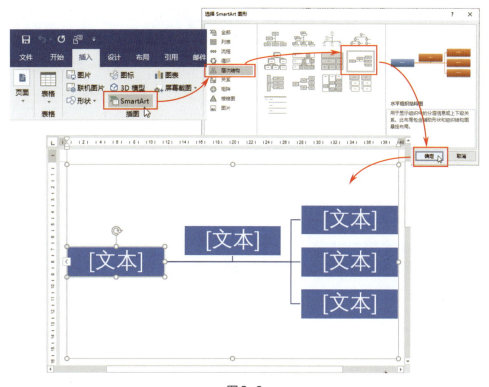

图2-8

步骤 **02**：单击任意"文本"字样，可输入具体文字内容。按照结构需要完成文字内容的输入，按Delete键可删除多余的图形，结果如图2-9所示。

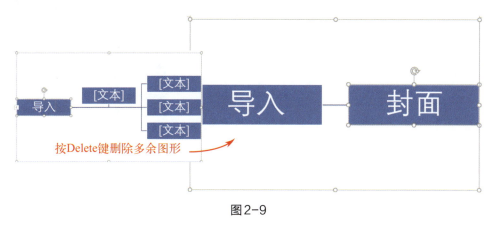

图2-9

步骤 03：选中"封面"图形，在"SmartArt工具-设计"选项卡中单击"添加形状"下拉按钮，选择"在下方添加图形"选项，即可在被选图形后添加新图形，并输入图形文字，如图2-10所示。

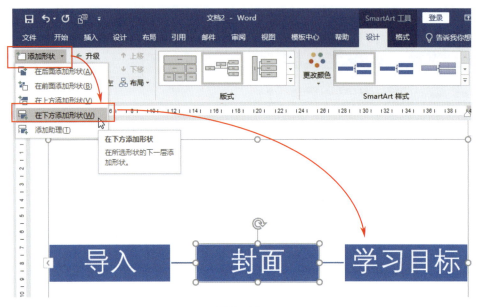

图2-10

步骤 04：按照结构图顺序，利用"在下方添加形状"和"在后面添加形状"两个功能创建好结构样式，并输入相应的文字内容，结果如图2-11所示。

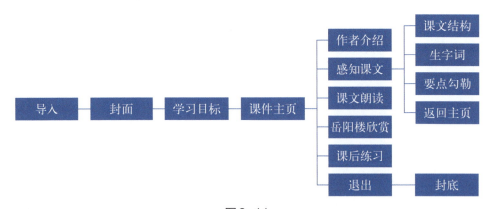

图2-11

步骤 05：选中创建的结构图示，在"SmartArt工具-设计"选项卡中单击"更改颜色"下拉按钮，可以修改当前图示颜色，在"SmartArt样式"组的"其他"列表中可以更换当前图示的样式，如图2-12所示。至此，课件结构图示创建完毕。

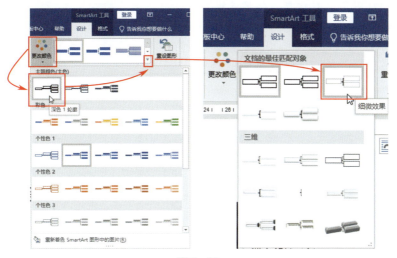

图 2-12

将 Visio 结构图导入至 Word 文档中

制作结构图的方式有很多种，其中用 Visio 软件来做结构图的教师不占少数。如何将做好的 Visio 图形导入至 Word 文档中，也是很多教师比较困惑的地方。下面就来介绍具体解决的方法。

打开 Word 文档，将光标定位至插入点，在"插入"选项卡中单击"对象"按钮，在"对象"对话框中选择"由文件创建"选项卡，单击"浏览"按钮，在"浏览"对话框中选择 Visio 文档，单击"插入"按钮，如图 2-13 所示。

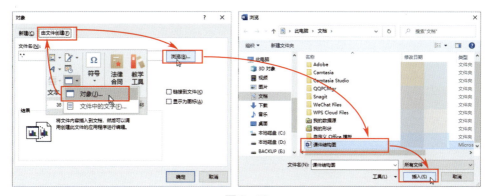

图 2-13

返回到"对象"对话框,勾选"链接到文件"复选框,单击"确定"按钮,即可将Visio文档导入至光标处,如图2-14所示。此时,如果双击该Visio结构图,还可直接启动Visio软件来对结构图进行修改操作,非常方便。

图2-14

第 3 章
课件素材的收集与整理

课件是微课的大纲，是整个课程的主脉。教师可根据课件内容有条不紊地进行授课。课件的制作需要大量的文字、声音、图像、动画、视频等多种素材，不同类型的素材，其收集方法、加工处理方法都各不相同。本章将对一些常规的课件素材收集与处理方法进行介绍，希望能够帮助读者解决实际问题。

扫码观看
本章视频

3.1 获取文字素材

课件中文字是最基本的元素,是必须要有的。通过文字可以了解到课件的架构。一般来说,文字可直接输入。如果文字内容比较多,或者是需要从其他地方调用,那么可通过以下方式来获取。

3.1.1 通过屏幕识图获取

要想获取网上大段文字素材,除了使用复制粘贴的方法外,还可使用文字识别功能来获取。QQ或微信的截图工具就自带该功能。下面就以QQ应用程序为例来介绍具体获取操作。

启动QQ应用程序,按Ctrl+Alt+A组合键快速启动截图工具,框选要获取的文字区域进行屏幕识图即可,如图3-1所示。

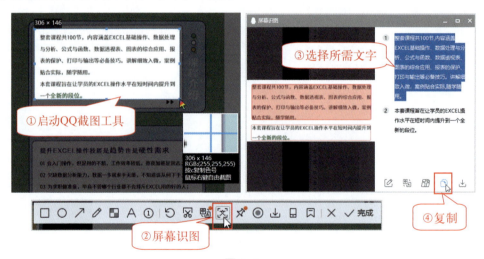

图3-1

3.1.2 通过语音输入获取

Windows系统有个在线语音识别功能,它可以将输入的语音迅速转化为文字。该功能不仅可识别读者自己的语音,还可以识别某段视频或音频中的语音,使用起来也很方便。下面以Windows10系统为例,来介绍具体的使用操作。

单击状态栏中的"⊞"图标,选择"设置"选项,打开"Windows设置"界面选择"时间和语言"选项,在"日期和时间"界面左侧选择"语音"选项,进入"语音"设置界面,如图3-2所示。

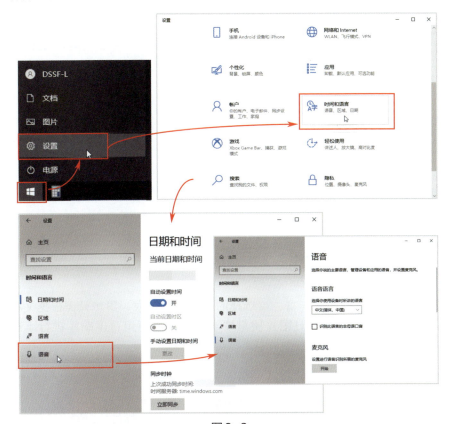

图3-2

在"语音"设置界面找到"语音隐私设置"选项,单击该选项即可打开"在线语音识别"设置界面。确保该功能为开启状态,如图3-3所示。接下来在左侧列表中找到"麦克风"选项,同样确保麦克风为开启状态,如图3-4所示。

图3-3　　　　　　　　　　　　图3-4

031

打开一份空白文档，该文档可以是 Word 文档，也可以是写字板或记事本文档。按 Windows+H 组合键可启动语音录入界面，如图 3-5 所示。通过麦克风录入语音，此时系统会识别该语音并自动转化为相关文字内容。

图 3-5

3.2 获取图片素材

课件中图片素材也是必不可少的，它可以将抽象的理论具象化。图片素材可通过以下方式来获取。

3.2.1 通过网络获取

网络上的图片资源非常丰富，可选择的余地也比较大。用户只需根据文字内容搜寻匹配的图片即可。如果对图片质量要求不高，可使用百度图库进行下载，如图 3-6 所示。

图 3-6

如果对图片有一定的要求，那么可通过专业图库网来下载。例如，花瓣网、站酷网、摄图网等。图 3-7 所示的是花瓣网站素材界面。

图3-7

注意事项：专业图库中的图片素材是有版权的，如果是商用，则需要付版权费。

3.2.2 通过屏幕截图获取

当出现图片无法下载，或者只需图片中某一局部时，可使用屏幕截图工具来获取。屏幕截图工具有很多，有QQ截图、微信截图、Windows系统截图、各类截图软件等。这些工具各有千秋，用户只需根据平时的使用习惯来选择即可。

下面就以Snagit屏幕捕捉软件为例，来介绍屏幕截图的具体操作。该软件的使用率比较高，它可以捕获图像、视频、文本等内容，还可以对捕获的素材进行二次加工编辑。

Snagit软件由Snagit捕获和Snagit编辑器两个面板组成。启动Snagit软件后，会打开捕获面板，如图3-8所示。

图3-8

捕获面板包含"全部""图像"及"视频"3个选项卡。其中，"全部"选项卡可截取视频也可以截取图像；"图像"选项卡仅截取图像及文字；"视频"选项卡可截取动态视频画面。默认是选用"图像"选项卡,在该选项卡中单击右侧"捕获"按钮,即可进入截屏状态,拖拽鼠标选择好截取的范围后即可完成截取操作,如图3-9所示。

图3-9

截取完成后,会打开Snagit编辑器面板,在该面板中可以对截取的图片进行编辑。例如,裁剪图片大小、添加图片标记、调整图片效果等,如图3-10所示。

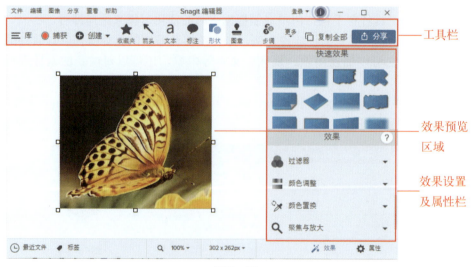

图3-10

图片编辑完毕后,直接使用Ctrl+C/Ctrl+V组合键即可将图片添加至课件文档中。

3.2.3 图片处理工具

当下载的图片或截取的图片无法满足制作需求时,可利用图片处理工具来进行调整。美图秀秀就是一款很经典的图片处理小工具,它具备图片美化、人像美容、拼图、抠图等多种功能,对于没有设计基础的人群来说也能够轻松上手。图3-11所示的是美图秀秀启动界面。

图3-11

下面就以抠除图片背景为例,简单介绍一下美图秀秀的用法。

启动美图秀秀,进入抠图界面,将图片拖拽至画布中。稍等片刻系统会自动识别图片背景并删除,如图3-12所示。

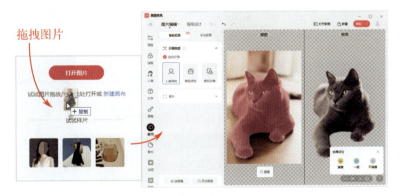

图3-12

如果对自动抠图效果不满意,用户也可进行手动抠图。单击"手动抠图"选项卡进入相关设置界面。利用鼠标圈出要保留的区域即可,如图3-13所示。

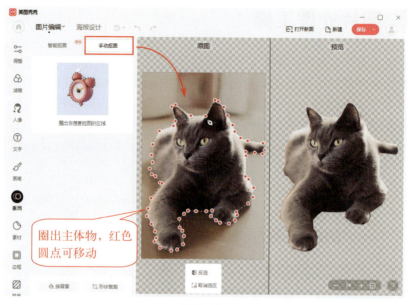

图3-13

调整完成后,单击"保存"按钮,设置好保存路径及文件名即可完成保存操作,如图3-14所示。

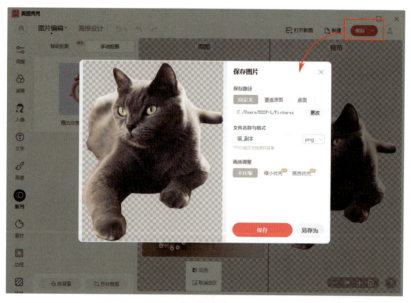

图3-14

利用美图秀秀还可调整图片的色调、明暗、对比度等参数,让图片效果更加出彩,如图3-15所示。

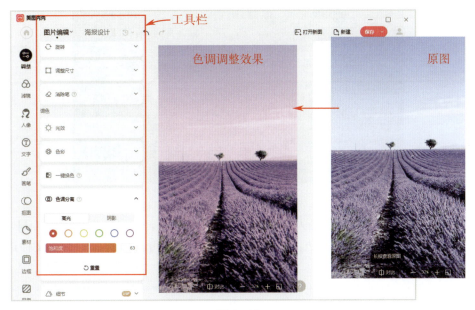

图 3-15

对于纸质素材的获取，可使用相机拍照功能。目前智能手机都带有文字提取以及图片校正功能。用户只需拍下所需素材，然后使用"文档（不同品牌手机有不同的命名方式）"模式即可快速提取照片中的文字。

3.3 获取音视频素材

适当地加入一些音频或视频素材，可活跃现场气氛，丰富教学内容。为了让收集到的音视频素材更符合微课制作要求，可通过以下方式来获取。

通过网络获取

微课中的音频素材一般包含音效或背景音乐两种。用户根据需求从各大音频网站下载即可。例如，淘声网、聆听网、爱给网等，这些网站大部分的音频素材都可免费使用，素材类型也很丰富。图3-16所示的是淘声网主界面。

图 3-16

在主界面中用户可通过输入关键字来搜索音频素材,也可单击右上角"☰"按钮,选择"发现声音"选项进入声音资源界面,在此可选择所需的音频文件进行试听和下载,如图 3-17 所示。

图 3-17

淘声网中每个音频素材都会标有版权标志。用户在下载时需确认当前音频是否可免费使用,如图 3-18 所示。

图 3-18

网络上也有不少高品质素材网站，例如，新片场、摄图网、潮点视频等。这些网站中只有部分视频素材可免费使用，所以在下载时需注意作品版权。图3-19所示的是新片场主界面。

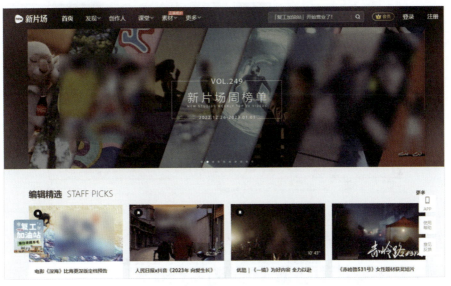

图3-19

虽说网络上的音频或视频资源有很多，但很难找到与微课内容相匹配的素材，这时最佳的处理方法就是利用手机或数码相机等设备根据实际需求进行录音或拍摄。

 音频素材处理工具

收集到的音频素材如需加工处理，可利用一些音频剪辑小工具来操作。常见的有GoldWave数字音乐编辑器、闪电音频剪辑软件、迅捷音频转换器等。这些小工具不需要用户有剪辑基础，上手便可操作。

下面以GoldWave软件为例，来介绍音频处理常规操作。

GoldWave是一个集声音编辑、播放、录制和转换功能于一体的音频工具。它支持许多格式的音频文件，包括WAV、OGG、VOC、AU、SND、MP3、MAT、DWD、SMP、VOX、SDS、AVI、MOV、APE等格式。如图3-20所示的是GoldWave软件操作界面。

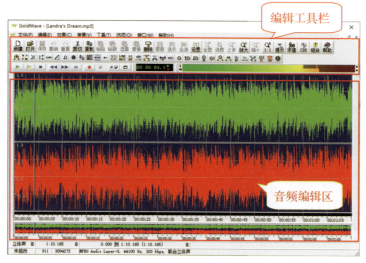

图 3-20

利用鼠标拖拽的方法可选定音频片段，如图 3-21 所示。

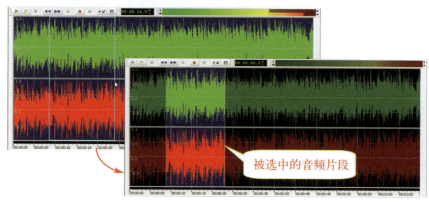

图 3-21

选定音频片段后，在界面上方的工具栏可进行剪切、复制、删除、剪裁等操作，如图 3-22 所示。

图 3-22

如果需要对音频添加淡入、淡出效果，在工具栏中单击"淡入"和"淡出"按钮，在打开的设置对话框中调整好参数即可，如图 3-23 所示。

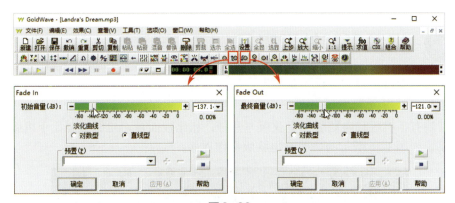

图 3-23

在工具栏中单击"降噪"按钮,可对当前所选音频进行降噪处理,如图 3-24 所示。

图 3-24

音频文件加工完毕后,可选择"文件"选项,在打开的列表中选择"另存为"选项,将该文件进行保存。在"保存声音为"对话框中可选择保存的类型,如图 3-25 所示。

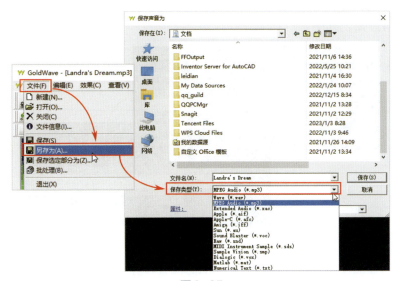

图 3-25

微课开发与制作一本通

3.3.3 视频素材处理工具

如果需要对视频素材进行再加工，可使用剪映、快剪辑、爱拍剪辑等。其中剪映工具使用率比较高。

剪映有手机版和电脑版（专业版）两种，相比较而言，电脑版要比手机版更容易上手。如图3-26所示的是剪映电脑版操作界面。

图3-26

将所需视频素材拖至时间轴面板中，即可导入视频素材。按空格键可对视频进行浏览。在时间轴面板中拖动指针至视频某一帧处，单击"分割"按钮，可对当前视频进行分割，如图3-27所示。

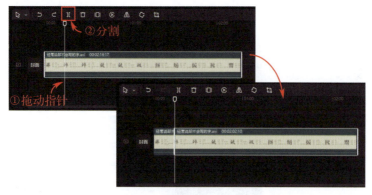

图3-27

按照同样的操作，指定好其他要分割的位置，分割视频。选中被分割的区域，按Delete键即可将该段视频删除，如图3-28所示。

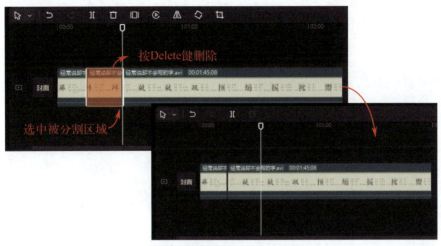

图3-28

选中时间轴上的某段视频,并将指针移至该视频起始处,在素材面板中可为其添加转场效果,如图3-29所示。

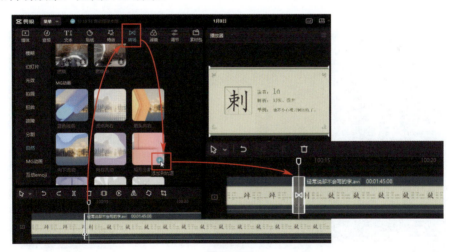

图3-29

在素材面板中用户可为视频添加片头片尾、视频背景、绿幕、空镜头等素材,同时还可为当前视频添加各种特效和滤镜效果。

在素材面板单击"文本"选项,可为视频添加文本注释,如图3-30所示。

图 3-30

单击"音频"选项,可为视频添加背景音乐或音效,如图 3-31 所示。

图 3-31

视频编辑完成后单击左上角的"导出"按钮,在"导出"面板中设置好视频名称、导出位置,其他保持默认,单击"导出"按钮即可导出视频,如图 3-32 所示。

第3章 课件素材的收集与整理

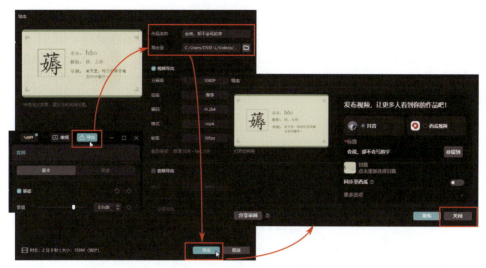

图 3-32

3.4 获取动画素材

动画具有生动、有趣的特点，在微课设计中适当地添加动画素材可以增加微课的趣味性，吸引学生的注意；同时，动画还可以展现现场无法拍摄的场景效果。动画素材可通过以下两种方式获取。

3.4.1 通过软件制作动画

为了使动画素材更加匹配微课内容，可通过Animate、万彩动画大师等软件自行制作。其中Animate是专业的动画软件，如图3-33所示。它是原Flash软件的更名版，是一款比较经典的二维矢量动画制作工具，用户可以通过在时间轴上逐帧绘制动画画面来实现动画短片的制作。

Animate软件操作相对较

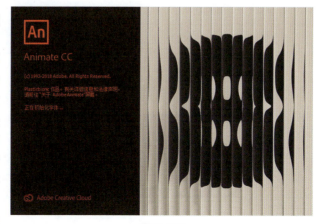

图 3-33

复杂，需要有一定的动画制作基础。而对于新手来说，可以选用万彩动画大师，或者一些在线制作动画平台。这类软件是入门级别的动画制作软件，它们为用户提供了各种精美的动画模板，通过替换模板中的各类素材，就可以完成动画短片的制作，对新手用户十分友好。如图3-34所示的是秀展网在线动画制作平台的首页面。

图3-34

 通过网络获取

除了使用软件制作动画外，用户还可通过各大素材网站来下载所需的动画素材，例如爱给网、源库素材网等。这类素材网涵盖了各种MG动画素材及元素（mov），其中包括人物、建筑、交通工具、场景、食物等。如图3-35所示的是爱给网MG动画元素页面。

图3-35

录制网络视频素材

在收集网络视频素材时，经常会遇到该视频只能在线观看而无法下载的情况，这时，用户可通过录制视频的方法来获取该视频。下面将以QQ应用程序为例，来介绍如何使用QQ屏幕录制功能获取网络视频的方法。

步骤 01：启动QQ应用程序，按Ctrl+Alt+A组合键快速进入截图状态，使用鼠标拖拽的方式调整好屏幕录制区域。在工具栏中单击"屏幕录制"按钮，进入录制准备状态，如图3-36所示。

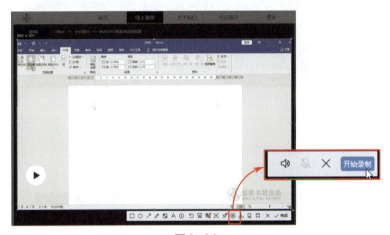

图3-36

步骤 02：单击"开始录制"按钮，倒计时完毕后就会进入录制状态。录制完成后，单击右下角"结束"按钮，可结束录制。此时系统会打开"录制预览"界面，单击"下载"按钮可下载录制的视频，如图3-37所示。

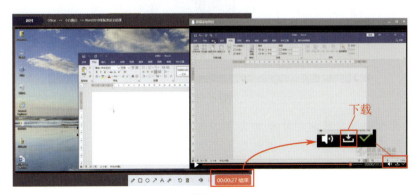

图3-37

工具
体验

图片在线处理平台

对于只是临时处理一些图片,而又不想安装图片处理软件的情况,可使用一些在线图片处理平台来操作。例如在线PS软件就是一个比较成熟的在线设计平台,如图3-38所示。在百度搜索栏中输入"在线PS软件"即可找到其官方平台。

图3-38

用户可根据需要选择"在线PS精简版"或"在线PS专业版"任意一个版本,进入后将所需图片拖拽至界面中,随即便进入操作界面。如图3-39所示的是精简版界面。

图3-39

在该界面中用户可为图片添加文字、边框、水印,还可以调整图片大小、图片色调,以及设置滤镜等元素。单击工具栏中相应的工具选项,在展开的属性面板中调整相关参数即可。调整后单击右上角"下载"按钮即可下载至本地电脑中,非常方便。

第4章
课件中脑图的应用

在教学过程中对于一些复杂的知识结构,可以用脑图的方式来梳理。这样一来,教师讲得轻松,学生听得也轻松。本章将对脑图的概念、脑图的结构和脑图的绘制方式进行简单的介绍,以帮助教师快速熟悉脑图并将其应用至教学中。

扫码观看
本章视频

4.1 了解脑图

脑图又称思维导图、心智地图，它是一种思维模式，应用于学习、记忆、思考等思维"地图"，有利于大脑思维的拓展。本节将对脑图的概念、优势以及应用领域进行简单的介绍。

4.1.1 认识脑图

脑图的设计原理来源于人的大脑。大脑的思维模式是放射性的，进入大脑的每一个图像、香味、声音等，都是相互联系的放射性结构，而每一个信息都可以看作这个结构里面的一个节点，人的思维就是由这些节点相互关联起来的一个网状结构。而脑图就是模仿这种放射性思维，用画图的方式表现出来，帮助梳理思路、发散思维、增强记忆的一种方式，如图4-1所示。

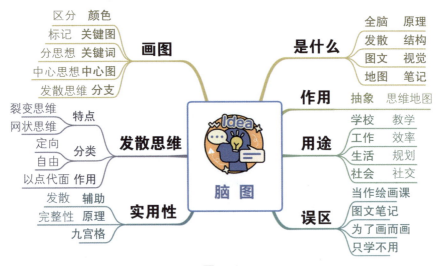

图4-1

4.1.2 使用脑图的优势

与传统笔记相比，脑图的优势体现在以下三个方面。

（1）具有条理性

脑图是将各类知识点串联起来，形成一个整体的知识框架，好让创作者能够把控好全局，梳理好主要与次要的关系。在知识复盘过程中，如要添加其他相关知识点，可在不破坏现有知识框架的情况下进行添加。这是传统笔记所无法达到的。

(2) 具有可伸缩性

脑图具有极大的可伸缩性，它顺延了大脑的自然思维模式。在学习的过程中，利用脑图可将新旧知识结合起来，更新原有的知识结构，建立新旧知识之间的关联，这是提升学习能力的关键点所在。

(3) 具有发散性

发散性思维是创新思维的核心，而脑图的绘制过程恰恰是思维发散的具体化和形象化。利用提取知识的关键字和各知识点间的连接线来引导创作者积极主动地思考，并快速系统地整合知识，为各类知识融会贯通创造了极其有利的条件。

4.1.3 脑图的应用领域

脑图可应用的范围非常广，它可用于工作、学习中的任何一个领域。

(1) 工作领域

在工作中应用到脑图的领域有很多。例如，教学计划的制定、产品推介活动的策划、各类商务演讲内容的构思、设计创意灵感的获取等。如图4-2所示为教学计划脑图模板。

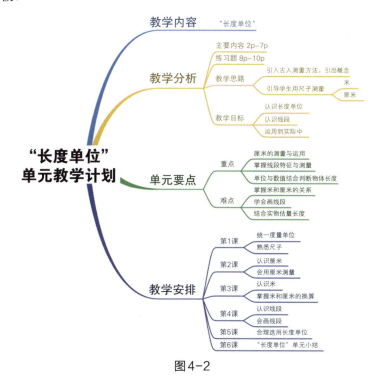

图4-2

(2) 学习领域

学习领域中的各类笔记的整理、考前复习、文章写作等都会使用到脑图。如图4-3所示为历史知识要点整理。

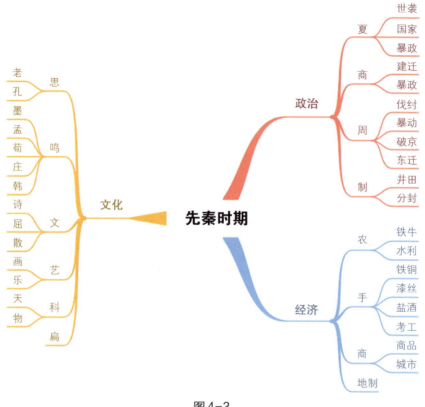

图4-3

4.2 脑图的结构和类型

在学习绘制脑图前,需要了解脑图的组成结构以及不同的表达类型,以便合理地展示教学内容。

4.2.1 脑图的构成元素

脑图是由中心主题、分支主题、子主题、关键字四大元素构成,如图4-4所示。

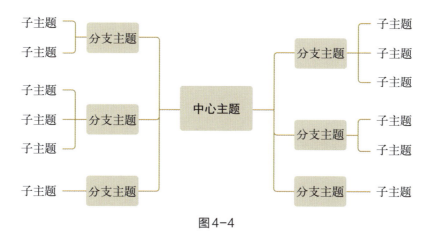

图 4-4

中心主题是传递整个教学内容的中心思想,是脑图要表达的核心内容。通常位于画布的中心位置。中心主题可用文字或图像来表示,每张脑图仅有一个中心主题。

注意事项: 当分支数量小于或等于3时,此时的中心主题则位于画布左侧。

分支主题(又称主节点)是隶属于中心主题的下一级主题,是中心主题发散出的第一级主题。它是支撑中心主题的分论点。脑图读图顺序是自右向左旋转,因此它的画法也是自右向左排列。每一条分支主题上面须注明该条分支内容的关键词或短句。分支主题排列顺序按照金字塔原理,可以分为三种:第一种是时间顺序,第二种是重要性顺序,第三种是结构化顺序。

一般情况下分支主题以3～7个为最佳,超过7个最好可找到共同点进行合并,这样方便大脑记忆。

子主题(又称子分支节点)是隶属于分支主题的下一级主题,它是对分支主题的补充说明。每一个子主题之间有两种关系:一种是逻辑递进关系,另一种是并列关系。

关键字是脑图的关键,它们是写在各条分支主题、子主题上的文字。脑图中的文字尽量以短语或关键字来体现知识点,以方便理解和记忆。

除了上述主要元素外,脑图中还包含一种自由主题,该主题独立存在,它没有固定的位置,可以灵活排版。自由主题拥有极大的自由度和创造性,可以用来创建花式脑图。在没想好内容应该放在哪个节点时,可以利用自由主题方式临时放置在任意位置,或者使用自由主题来为整个思维导图做一个补充说明,如图4-5所示。

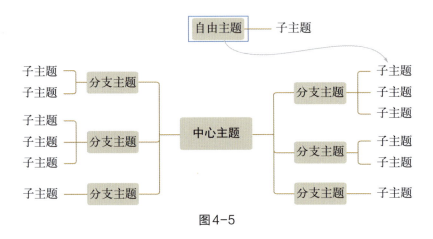

图 4-5

4.2.2 脑图的常见类型

思维导图有很多种类型，对其进行分类的方式也很多，通常可以根据结构、形态、作用等进行分类。

（1）圆圈图

圆圈图是由多个大小不同的圆圈组成，主要用于把一个主题展开来联想或者描述相关细节，如图4-6所示。利用圆圈图可以培养创造性思维，它没有固定的表达形式，只要是与主题有关的事物都可以添加进去。

（2）气泡图

气泡图主要用于描述一个概念的特征，如图4-7所示。与圆圈图所不同的是，气泡图重在对主题的特征进行描述，通过描述可加深对主题的认知。而圆圈图重在思维扩散，所有能想到与主题相关联的事物都可以归纳进去。

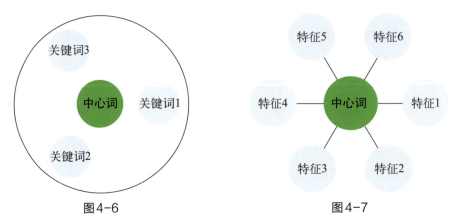

图 4-6　　　　　　　　　　图 4-7

(3) 双气泡图

双气泡图主要用于描述两个主题间的区别。两者之间相连的部分为相同点，其他则为不同点。用双气泡图可深入地了解到两个相似事物间的区别，如图4-8所示。

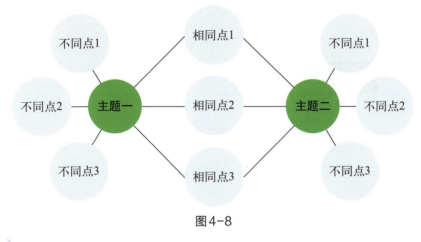

图4-8

(4) 树状图

树状图又称树形导图，它如同一棵大树，拥有主干，并从主干上延伸出许多分支。一个主题对应若干个分支主题，每个分支主题再细分为对应各具体事物的罗列，使复杂的问题变得简单，将凌乱的思绪变得有序起来。树状图常用于对知识点的归纳与总结，如图4-9所示。

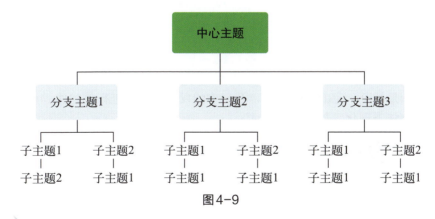

图4-9

(5) 桥型图

桥型图主要通过已知的两事物和概念关系，来形容陌生两事物间的关系，是用于类比和类推的图。这种类型运用得比较少，在桥型横线的上面和下面写入具有关联性的一组事物，然后按照这种关联性列出更多具有类似相关性的事物，如图4-10所示。

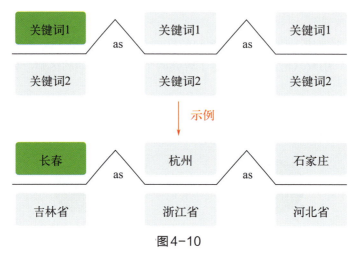

图 4-10

(6) 因果图

因果图主要用来表示问题发生的原因和结果的思维过程。这种图形层次分明、条理清楚，便于分析问题、指定对策、呈现结构和项目总结，如图 4-11 所示。

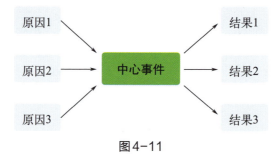

图 4-11

(7) 流程图

流程图是按照一定的逻辑顺序以及事物的发展规律来进行搭建的，可以将某个步骤或者方法条理化，如图 4-12 所示。

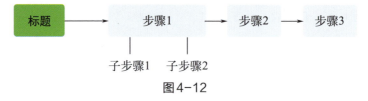

图 4-12

(8) 逻辑图

逻辑图包括左右逻辑图、向左逻辑图、向右逻辑图，是思维导图最基础的结构，也是很常用的一种图形。它可以用来发散和纵深思考，表达基础的总分关系。如图 4-13 所示为向右逻辑图。

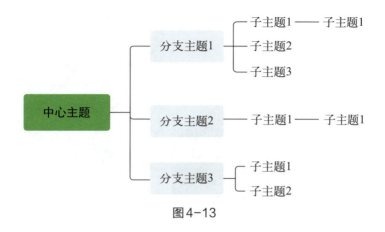

图 4-13

4.3 绘制脑图的工具

了解了脑图的组成元素及基本类型后,接下来可利用各种工具来绘制脑图了。本节将介绍绘制脑图的常用工具。

 4.3.1 手绘脑图

手工绘制脑图是最简便的方式。用户只需纸笔就能够着手绘制了。纸张的大小可以根据图的大小来选择,一般使用A4打印纸或速写本即可,如图4-14所示。选择纸张时,建议不要选择带底纹或背景图的纸张,最好是空白纸,以免破坏整体效果。

图 4-14

至少准备三种不同颜色的笔。笔的粗细程度可以根据纸张的大小来选择。对于笔的选择有很多,常用的涂色笔包括彩色铅笔、水彩笔、双头马克笔、勾线笔等。如图4-15所示为彩色铅笔和水彩笔。

图4-15

此外，用户还可以使用电子手绘板来绘制，如图4-16所示。手绘板也叫作绘图板、绘画板、数位板等，是计算机输入设备的一种。它由一块绘板和一支压感笔组成，用于绘画创作方面，如同画家的画板和画笔。在手绘板上绘制后，将图案传输到电脑中进行后期的加工调整，这样出来的效果也很不错。

图4-16

绘画工具准备好后，接下来就可开始绘制了。一般情况下可按照"确定主题→分支连接线→提取关键字→绘制插图"这四个步骤来绘制。用户在确定好主题内容后，在画纸的中心位置绘制出主图，或写入主题关键字；然后绘制分支主题连接线，并在连接线上输入分支主题内容；接下来再根据需要绘制子主题连接线，输入子主题内容；最后可在重点内容上绘制小插图或图标，以提醒自己注意（这一步可根据内容需要来做，如非必要，可忽略）。图4-17所示的是有理数知识点梳理图。

注意事项：在绘制时，脑图的连接线要自然流畅，同一条分支的线条要连贯，不要断开。此外，分支线条需由粗到细，同一条分支线条颜色要统一。

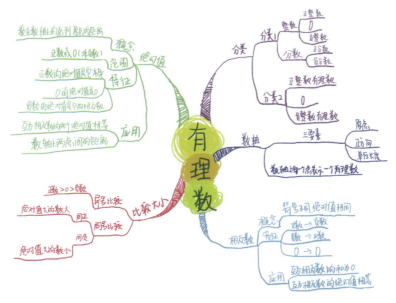

图4-17

 电脑绘制脑图

对于不太擅长手绘图的人群来说，可以利用各类脑图软件来辅助绘制。目前常用的脑图软件有MindMaster、Xmind、WPS Office软件等。这类软件的操作方法大致相同，下面就以MindMaster软件为例，介绍电脑绘图的基本步骤。

MindMaster软件是一款跨平台思维导图软件，它提供丰富的功能和模板，可免费导出多种文本格式。图4-18所示的是MindMaster软件启动界面。

图4-18

启动MindMaster软件，进入新建界面，在这里可以选择所需脑图的类型，或者通过系统提供的模板来创建脑图，如图4-19所示。

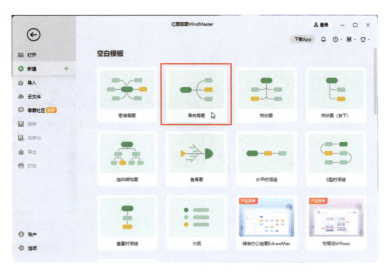

图4-19

在创作界面中，可根据需求填充中心主题及分支主题内容。选中任意一个分支主题，按回车键可增加分支数量，如图4-20所示。按Delete键可删除当前被选分支主题。

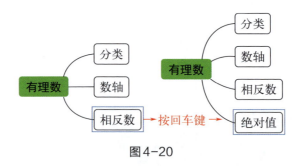

图4-20

选择一个分支主题，在界面上方功能区中单击"子主题"按钮，可创建相关子主题内容，如图4-21所示。同样，按回车键可增加子主题数量。

图4-21

在界面右侧面板中，可对当前脑图的布局风格、文字与连接线样式、图标样式进行设置，如图4-22所示。

图4-22

脑图创建好后，在功能区中选择"文件"选项，在打开的列表中选择"导出"选项，可对当前脑图进行导出操作，如图4-23所示。

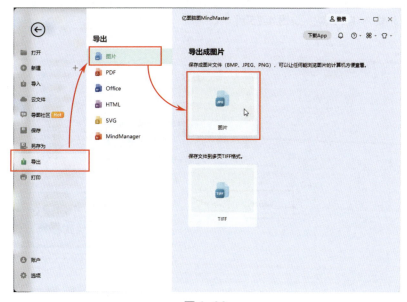

图4-23

梳理小学语文《找春天》知识点

XMind软件是一款国内比较知名的思维导图软件，该软件有Plus/Pro版本，提供更专业的功能。除了常规的脑图功能外，它还具有内置拼写检查、搜索、加密、音频笔记功能，方便用户使用。下面将利用XMind软件来创建《找春天》知识脑图，如图4-24所示。

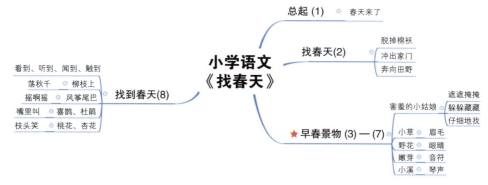

图4-24

步骤 01：启动Xmind软件，进入创建界面，单击"新建空白图"按钮，创建中心主题，并输入其内容，如图4-25所示。

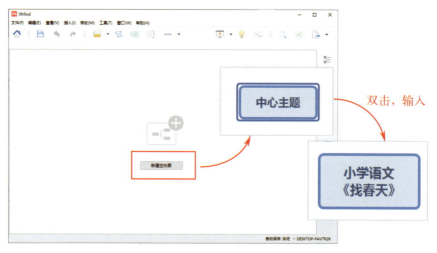

图4-25

步骤 **02**：选择中心主题，按回车键可创建分支主题1，双击该主题可输入分支内容，如图4-26所示。

图4-26

步骤 **03**：按照同样的操作方式，添加其他分支主题，并输入相关内容，如图4-27所示。

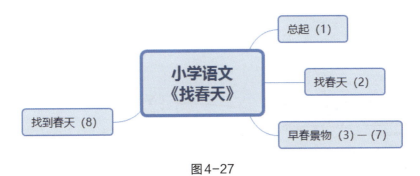

图4-27

步骤 **04**：选中"总起（1）"分支内容，单击工具栏中的"插入"按钮，在打开的列表中选择"子主题"选项，可创建"子主题1"，如图4-28所示。

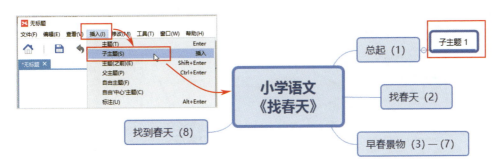

图4-28

步骤 **05**：双击"子主题1"，输入主题内容。按照同样的方法，完成其他子主题内容的创建，如图4-29所示。

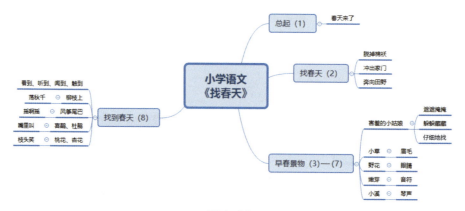

图 4-29

步骤 06：选中中心主题，单击界面右侧"格式"按钮，打开"主题 格式"设置面板，在此设置一下"外形＆边框"样式，如图 4-30 所示。

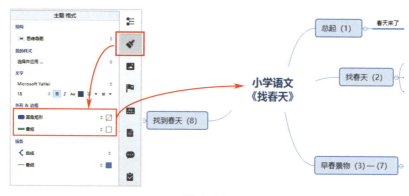

图 4-30

步骤 07：单击界面空白处，打开"画布 格式"设置面板，勾选"线条渐细"复选框，改变分支连接线的样式，如图 4-31 所示。

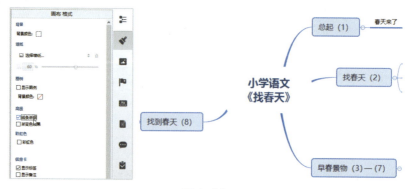

图 4-31

步骤 08：选中"总起（1）"分支内容，在"主题 格式"设置面板中设置好"我的样式""文字""外形&边框"样式，如图4-32所示。

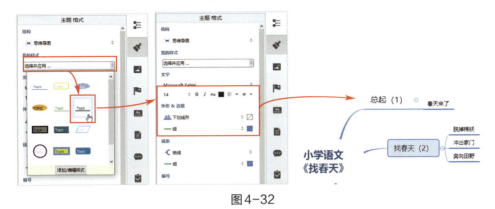

图4-32

步骤 09：按照同样的设置方法，设置其他分支及子主题样式，如图4-33所示。

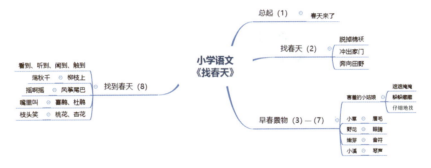

图4-33

步骤 10：选中"早春景物"分支主题，单击右侧工具栏中的"图标"按钮，进入"图标"设置面板，选择一款图标即可插入该分支中，如图4-34所示。

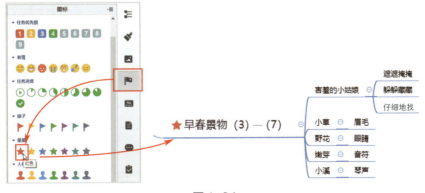

图4-34

在线绘制脑图

若电脑中没有安装相关脑图软件，又要临时绘制脑图的话，可以尝试使用在线绘制脑图平台来操作。下面就以知犀思维导图平台为例，来介绍其基本操作。

知犀思维导图分软件版和在线制作版两种，若选择在线制作，可进入知犀官网，单击"免费创作"按钮进入新建界面，如图4-35所示。

图4-35

单击左侧"开始新建"按钮，进入脑图类型界面，选择一款脑图类型，即可开始创建，如图4-36所示。

图4-36

脑图内容的创建方法与前文所述使用软件创建方法大致相同，这里就不详细说明了。脑图创建好后，单击界面右上角"导出"按钮，在打开的"导出"列表中根据需要选择好文件格式，单击"导出导图"按钮即可，如图4-37所示。

图4-37

单击"分享"按钮,在列表中选择"链接分享"选项,将当前脑图通过复制链接的方式分享给其他人,如图4-38所示。

图4-38

单击"协作"按钮,可通过发送邀请链接,邀请好友一起来对当前脑图内容进行修改,操作起来十分方便,如图4-39所示。

图4-39

第 5 章
普通类课件的制作方式

　　课件是集文字、图形图像、音视频、动画等多种多媒体元素于一体的教学软件，是教师和学生之间相互沟通的教学工具，是微课教学的必要素材之一。课件制作软件有很多，其中最受教师欢迎的就属 PowerPoint 软件了。本章将介绍使用 PowerPoint 来制作课件的基础操作。

扫码观看
本章视频

5.1 课件制作入门操作

PowerPoint 是 Microsoft Office 办公软件的一大组件。常用于展示各类演示文稿，例如学校、培训机构所用的教学课件就是其中的一大类。本节将介绍 PowerPoint 软件的入门操作。

5.1.1 创建课件文档

启动 PowerPoint 软件后，随即进入模板界面，在此用户可选择内置的课件模板来创建文档，如图 5-1 所示。

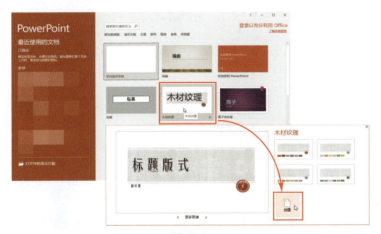

图 5-1

此外，在模板界面中选择"空白演示文稿"选项可创建一份空白的课件文档，如图 5-2 所示。

图 5-2

新建幻灯片

课件的页面不够用,通常就需要新增页面(课件中的一张张页面,俗称幻灯片)。在界面左侧导航窗格中选择一张幻灯片,按回车键即可在其下方创建一张新的幻灯片,如图5-3所示。

用户可连续按回车键来新建多张幻灯片。

图5-3

 经验之谈

右击幻灯片,在打开的快捷列表中选择"新建幻灯片"选项同样也可在其下方添加一张新的幻灯片。

 ## 移动与复制幻灯片

课件中的幻灯片是可以根据需要对其前后顺序进行调整的,同时也可对其进行复制、删除等操作。

在导航窗格中选择一张幻灯片,使用鼠标拖拽的方法可移动该幻灯片,如图5-4所示,被移动的幻灯片编号也会随之改变。

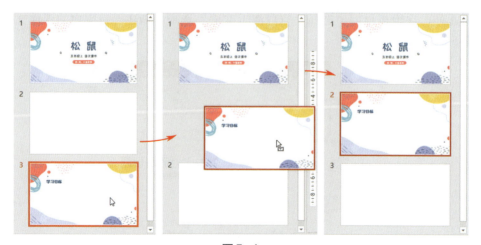

图5-4

想要复制其中一张幻灯片，可右击该幻灯片，在快捷列表中选择"复制幻灯片"选项，其复制的幻灯片会显示在被选幻灯片下方，如图5-5所示。此外，用户还可使用Ctrl+D组合键进行复制操作。

如果想要删除某张幻灯片的内容，选中该幻灯片，按Delete键即可将其删除，如图5-6所示。

图5-5　　　　　　　　　　　　　　　　图5-6

经验之谈

使用Ctrl+C和Ctrl+V组合键进行复制与使用右键复制是有区别的。如果要将幻灯片复制到指定位置时，就用Ctrl+C和Ctrl+V来复制；如果只是复制到当前幻灯片下方，那么就可用右键复制来操作。

 隐藏幻灯片

如果不想放映某几张幻灯片，可将这些幻灯片进行隐藏。同样在导航窗格中右击所选幻灯片，在打开的快捷列表中选择"隐藏幻灯片"选项。这时，该幻灯片的编号上会显示"\"，说明当前幻灯片已被隐藏，如图5-7所示。

如要取消隐藏，那么右击此幻灯片，再次选择"隐藏幻灯片"选项即可。

图5-7

5.1.5 设置幻灯片大小

以PowerPoint2019版本来说，幻灯片的页面大小默认为16：9（宽屏）。如果需要对其大小进行调整，可在"设计"选项卡中单击"幻灯片大小"下拉按钮，选择"自定义幻灯片大小"选项，在打开的"幻灯片大小"对话框中可设置指定的"宽度"和"高度"，以及"方向"，单击"确定"按钮，如图5-8所示。

图5-8

5.1.6 课件浏览模式

制作的课件可通过普通视图、幻灯片浏览视图、阅读视图和幻灯片放映视图这4种模式进行浏览。其中普通视图为默认的浏览模式，如图5-9所示。

图5-9

普通视图是用户工作视图。该视图左侧为幻灯片导航窗格,将鼠标移至该窗格中,并滑动鼠标滚轮可预览所有幻灯片效果;视图右侧为幻灯片操作区域,大部分操作都会在该区域中进行。

在状态栏中单击"幻灯片浏览"按钮,即可切换到幻灯片浏览模式,如图5-10所示。在该视图模式中,用户可查看到当前文稿中所有幻灯片。在该模式下只能进行幻灯片的移动、复制、隐藏等操作,无法对其内容进行修改或编辑。若想修改,须选中幻灯片,双击鼠标切换至普通视图才行。

图5-10

在状态栏中单击"阅读视图"按钮即可进入窗口放映状态。在这种状态下,用户可以对幻灯片中的内容和动画效果进行查看,如图5-11所示。按Esc键可返回到上一个视图模式。

图5-11

微课开发与制作一本通

在状态栏中单击"幻灯片放映"按钮,即可进入全屏放映模式。在此会以放映状态来展示当前幻灯片内容。该模式与阅读视图模式类似,唯一的区别在于一个为全屏放映,而另一个则为窗口放映,如图5-12所示。

图5-12

5.2 课件的版式及配色

在关注课件内容的同时,也需注意课件版式及配色方面的合理应用。本节将对课件的版式类型及快速配色功能进行简单的介绍。

课件背景设置方式

PowerPoint软件内置了四种背景模式,分别为纯色填充、渐变填充、图片或纹理填充,以及图案填充。在"设计"选项卡中单击"设置背景格式"按钮,在"设置背景格式"窗格中就可根据需要选择相应的背景模式进行设置,如图5-13所示。

单击"纯色填充"单选按钮,在"颜色"列表中选择一款背景色即可,如图5-14所示。

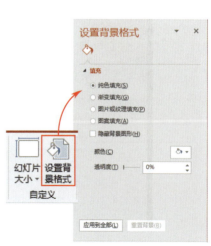

图5-13

第5章 普通类课件的制作方式

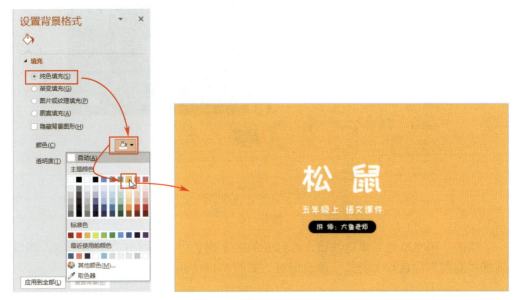

图5-14

单击"渐变填充"单选按钮，可对渐变光圈、渐变颜色、渐变方向等参数进行设置，如图5-15所示。

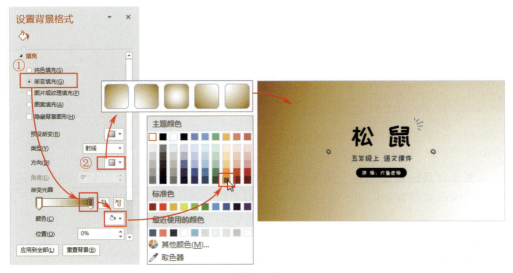

图5-15

单击"图片或纹理填充"单选按钮，在"图片源"选项组中单击"插入"按钮，在"插入图片"对话框中选择好背景图片，单击"插入"按钮即可，如图5-16所示。

075

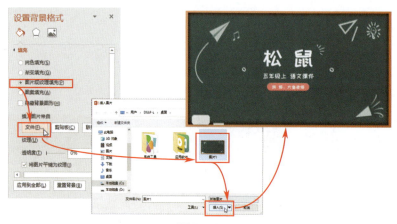

图5-16

单击"图案填充"单选按钮,在打开的图案列表中,选择好合适的图案,并设置好"前景"颜色和"背景"颜色即可,如图5-17所示。

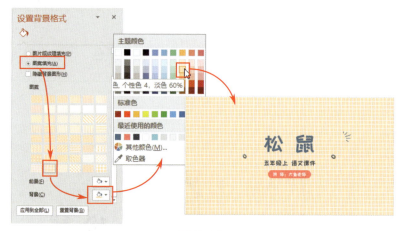

图5-17

页面背景设置完成后,单击"设置背景格式"窗格中的"应用到全部"按钮,可将当前设置的背景应用于其他页面中,避免用户逐个去设置的麻烦。

5.2.2 课件版式类型

PowerPoint软件内置了11种页面版式,分别为标题幻灯片、标题和内容、节标题、两栏内容、比较、仅标题、空白、内容与标题、图片与标题、标题和竖排文字、竖排标题与文本。在"开始"选项卡中单击"版式"下拉按钮,从版式列表中选择一款满意的版式即可,如图5-18所示。软件默认为标题幻灯片版式。

图 5-18

版式中的文本框叫占位符。单击文本占位符后可输入文字内容，如图 5-19 所示。单击占位符中的文件（图片、表格、图表、视频等）按钮，可插入相应的文件，如图 5-20 所示。

图 5-19

图 5-20

占位符是先在页面中规划好文字、图片等区域，然后在该区域中添加相应的内容。当然用户也可按Delete键删除占位符，以方便自己设定页面版式。

5.2.3 课件快速配色

配色是一门专业的学科，没有设计基础的用户想要自主设计一套完美的页面配色确实很难。面对这类人群，PowerPoint软件预设了多套主题方案，每一套主题都有比较成熟的版式和配色系统，用户只需下载合适的主题即可。

在"设计"选项卡的"主题"选项组中单击"其他"下拉按钮，选择一款合适的主题方案即可快速美化当前课件，如图5-21所示。

图5-21

如果对当前页面的配色不满意，可在"设计"选项卡的"变体"选项组中选择其他页面配色进行更换，如图5-22所示。

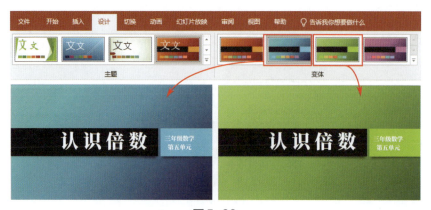

图5-22

此外，在"变体"选项组中单击"其他"按钮，选择"颜色"选项，在打开的颜色列表中用户还可选择其他更多的配色系统，足以满足日常制作需求，如图5-23所示。

注意事项：只有套用了软件内置的主题方案后，其"变体"功能才能正常运行。

图5-23

5.3 课件中基本元素的应用

文字、图片、图形、表格、音视频是构成课件的基本元素。应用好这些元素，会使课件结构更合理，条理更清晰。

文字元素

在PowerPoint软件中除了用文字占位符输入文字外，还可使用文本框来输入。文本框比较灵活，它可在页面任意处输入文本内容。在"插入"选项卡中单击"文本框"下拉按钮，在列表中选择"绘制横排文本框"选项，使用鼠标拖拽的方法绘制出文本框，输入文字内容即可，如图5-24所示。

图5-24

文字输入后，用户可在"开始"选项卡的"字体"选项组中对文字的字体、字号、字体颜色、字体效果等选项进行设置，如图5-25所示。

图5-25

单击"字体"选项组右侧小箭头，打开"字体"选项卡，在此可对文字格式进行更详细的设置，如图5-26所示。

图5-26

用户还可使用艺术字功能来输入文本。在"插入"选项卡中单击"艺术字"下拉按钮，在预设的文字样式列表中选择一款样式后，在页面中插入该文字样式，输入所需的文字内容即可，如图5-27所示。

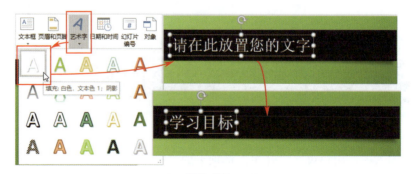

图5-27

经验之谈

插入艺术字后，用户可对该文字样式进行二次设置。选中艺术字文本框，在"绘图工具-格式"选项卡中分别通过"文本填充""文本轮廓""文本效果"这3个选项进行设置即可，如图5-28所示。

图5-28

5.3.2　图片元素

在课件中插入图片的方法很简单，只需将准备好的图片素材直接拖入页面中即可，如图5-29所示。

图5-29

图片插入后，默认会显示在页面中间位置。用户可以通过拖拽图片任意对角点来调整其大小，如图5-30所示。

在拖动的过程中，按住Ctrl键，则以图片中心点为缩放基点进行等比放大或缩小操作。

如果需要对图片进行裁剪，可选中该图片，在"图片工具-格式"选项卡中单击"裁剪"按钮，此时图片四周会显示出相应的裁剪点，选中其中一个裁剪点，并将其拖拽至合适位置，单击页面空白处即可完成图片裁剪操作，如图5-31所示。

图5-30

图5-31

选中图片,在"图片工具-格式"选项卡的"调整"选项组中,通过设置"校正""颜色"和"艺术效果"选项,可对图片的亮度和对比度、色调以及画面效果进行调整,如图5-32所示。

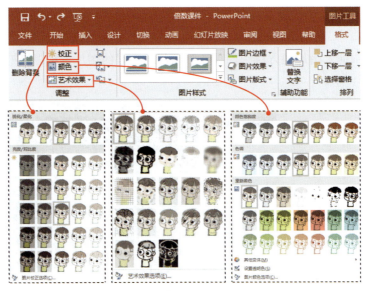

图5-32

在"调整"选项组中单击"删除背景"按钮,可进入"背景消除"设置界面,在此通过"标记要保留的区域"按钮或"标记要删除的区域"按钮,来调整要删除的背景区域,设置后单击"保留更改"按钮即可删除图片背景,如图5-33所示。

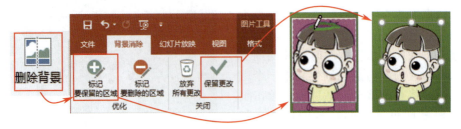

图5-33

5.3.3 图形元素

在课件中利用图形元素可以美化页面，丰富课件内容。在"插入"选项卡中单击"形状"下拉按钮，在形状列表中选择一款合适的图形，然后用鼠标拖拽的方法进行绘制，如图5-34所示。

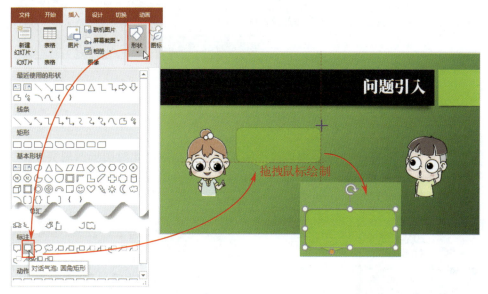

图5-34

选中图形，在"绘图工具-格式"选项卡的"形状样式"选项组中，可通过"形状填充""形状轮廓""形状效果"这三个选项对绘制的图形样式进行设置，如图5-35所示。

如果需要在图形上输入文字内容，可直接双击图形。选中图形，按住Ctrl键的同时，移动图形至页面其他位置，可快速复制该图形，如图5-36所示。

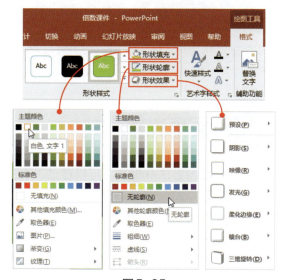

图5-35

微课开发与制作一本通

图5-36

 经验之谈

右击图形，在快捷菜单中选择"编辑顶点"选项，此时图形四周会显示多个可编辑的顶点，选中一个顶点，并调整该顶点的设置手柄，可改变图形的轮廓，如图5-37所示。

图5-37

 表格元素

表格创建的方法有很多，可以通过"表格"功能来创建，也可从其他文件中直接调用表格。

（1）利用"表格"功能创建

在"插入"选项卡中单击"表格"下拉按钮，在其列表中选择所需的方格数量即可快速创建表格。例如，插入3行4列的表格，那么只需将鼠标纵向滑过3个方格，横向滑过4个方格即可，如图5-38所示。

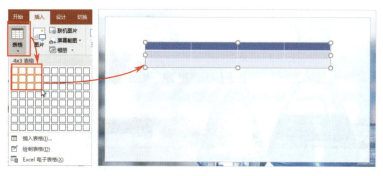

图 5-38

此外,在"表格"列表中选择"插入表格"选项,在打开的"插入表格"对话框中输入列数和行数,单击"确定"按钮也可创建表格,如图 5-39 所示。

图 5-39

表格创建好后,选中所需单元格即可输入表格内容。用户可按"→"和"↓"方向键定位至相邻单元格,输入结果如图 5-40 所示。

图 5-40

如果需要增加表格的行数或列数,在"表格工具-布局"选项卡的"行和列"选项组中根据需要选择"在××插入"选项即可。如图 5-41 所示的是"在右侧插入"一列的效果。

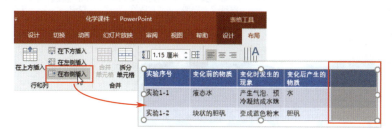

图 5-41

经验之谈

在"表格工具-布局"选项卡中用户可对表格的结构、表格的大小、文字的对齐方式等参数进行设置,如图5-42所示。

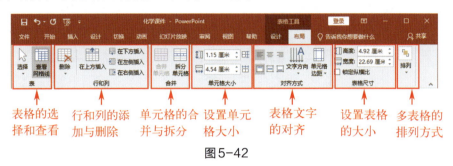

图5-42

将光标移至某行或某列的分割线上,拖动分割线至合适位置,可快速调整行高或列宽,如图5-43所示。

图5-43

选中表格,在"表格工具-设计"选项卡的"表格样式"列表中选择一款满意的样式即可快速美化表格,如图5-44所示。

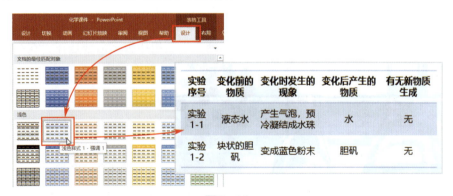

图5-44

(2) 调用现有表格数据

如果需要将其他文件的表格数据导入至课件中，可通过以下方法来操作。

打开现有的数据表文件，选择表格范围。按Ctrl+C组合键进行复制，切换到课件页面，单击鼠标右键选择"保留源格式"选项即可将复制的数据表原封不动地导入至页面中，如图5-45所示。如果要对表格中某个数据进行更改，只需将其选中直接更改即可。

图5-45

 5.3.5 音视频元素

要想在课件中插入音频或视频文件，十分方便的一个方法就是直接将音频或视频文件拖至页面中。下面将介绍音频和视频元素的简单应用。

(1) 音频文件的应用

将音频文件拖拽至相关页面中，当显示出喇叭图标及音频播放器后，就说明音频文件插入成功，如图5-46所示。

图 5-46

PowerPoint软件内置了不少音效文件，例如风声、打字声、鼓掌声、鼓声、爆炸声等。这些音效可通过链接功能来实现。在页面中选择任意要添加链接的元素，在"插入"选项卡中单击"动作"按钮，在"操作设置"对话框中勾选"播放声音"复选框，并单击其下拉按钮，在列表中选择所需的动作声音即可。在放映时只需单击链接元素，即可播放音效，如图5-47所示。

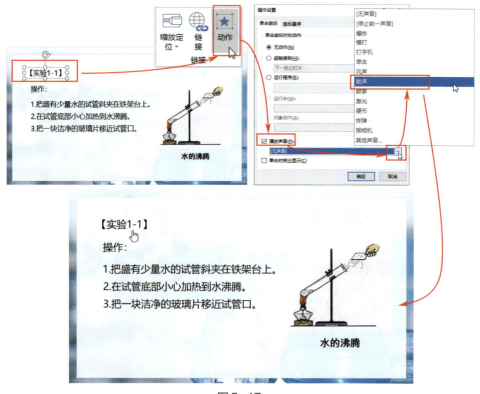

图 5-47

注意事项： 音效链接设置后，需要在课件放映状态下才能实现链接效果。

如果需要在课件中添加自己录制的声音，可利用软件中的"录制音频"功能来操作。在"插入"选项卡中单击"音频"下拉按钮，从列表中选择"录制音频"选项。在"录制声音"对话框中单击"●"按钮开始录音；录制结束后单击"■"按钮，停止录制；单击"▶"按钮，可试听录制的声音文件；单击"确定"按钮，该段录音将会直接嵌入至当前页面中，如图5-48所示。

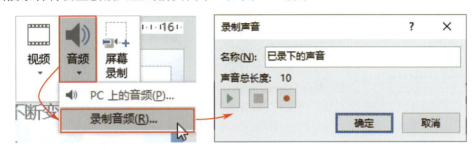

图5-48

如果对插入音频的时长有要求，可对其进行剪辑。选中音频，在"音频工具-播放"选项卡中单击"剪裁音频"按钮，在打开的对话框中根据需要调整进度条上的开始或结束滑块的位置，单击"播放"按钮，试听剪辑后的音乐，确认无误后，单击"确定"按钮即可完成剪辑，如图5-49所示。

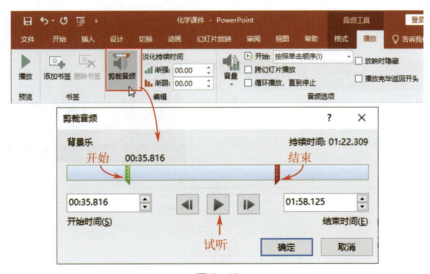

图5-49

（2） 视频文件的应用

视频文件与音频文件的操作类似。同样只需将视频直接拖拽至相关页面中即可，单击播放器中的▶按钮，可以浏览视频内容，如图5-50所示。

图 5-50

如果需要对视频内容进行简单的修剪，可选中视频，在"视频工具-播放"选项卡中单击"剪裁视频"按钮，在"剪裁视频"对话框中，调整好开始与结束滑块的位置，单击"播放"按钮可查看调整效果，确认后单击"确定"按钮即可完成视频剪裁，如图5-51所示。

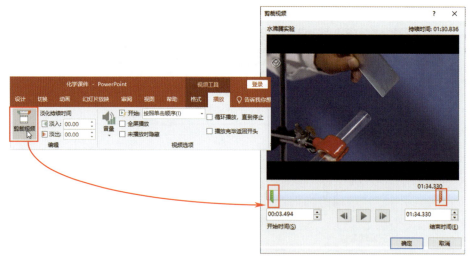

图 5-51

注意事项：PowerPoint软件中，无论是音频或视频都只能进行掐头去尾的简单剪辑。如果想剪去音频或视频中的某一段内容，需借助其他相关的剪辑软件才行。

完善高中数学课件内容

　　常规文字的添加方法，相信用户应该都会操作。而一些理工类课件，例如数学、物理、化学等课件，其内容会涉及很多特殊符号及公式，那对于这些内容该如何输入？下面就以"椭圆及其标准方程"课件为例，来介绍具体操作方法，制作效果如图 5-52 所示。

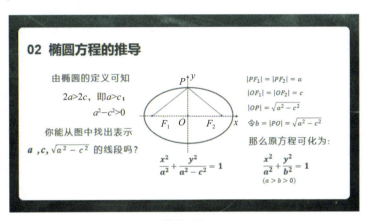

图 5-52

步骤 01：打开课件原始文件，选择第 4 张幻灯片，插入一个横排文本框，在"插入"选项卡中单击"公式"下拉按钮，选择"插入新公式"选项，在页面中会显示"在此处键入公式。"字样，如图 5-53 所示。

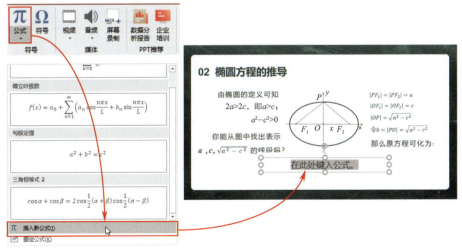

图 5-53

步骤 **02**：在"公式工具-设计"选项卡中，用户可以根据需要选择相关公式符号和结构。单击"分式"下拉按钮，从列表中选择所需分式结构，即可在页面中插入该分式。选中分式中的虚线框，可输入分式值，如图5-54所示。

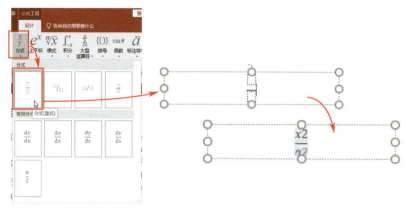

图5-54

步骤 **03**：选择分子中的"2"，在"开始"选项卡中单击"字体"选项组右侧的小箭头，打开"字体"对话框，勾选"上标"复选框，将其设为平方，如图5-55所示。

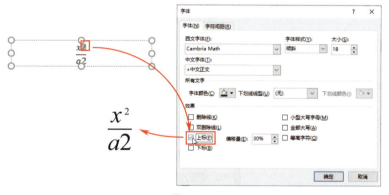

图5-55

步骤 **04**：将分母中的"2"也设为平方。继续输入运算符"+"，并按照步骤02、步骤03的方法，插入"分式"结构，输入相应的分式值，直至完成公式内容的输入，如图5-56所示。

$$\frac{x^2}{a^2} + \frac{y^2}{a^2 - c^2} = 1$$

图5-56

步骤 05：再次插入一个横排文本框，并在"公式"列表中选择"墨迹公式"选项，在"数学输入控件"窗口中，手写所需公式内容，如图5-57所示。

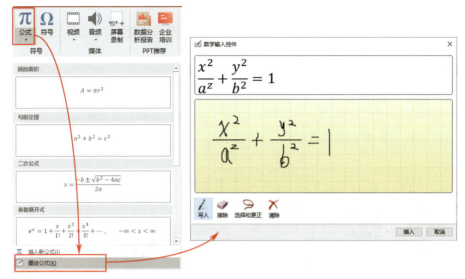

图5-57

 经验之谈

书写公式的过程中，系统会自动识别输入的公式内容，并显示在上方预览窗口中。如果识别错误，用户可使用"擦除"按钮，擦除识别错误的内容，重新写入，直到识别正确为止。

步骤 06：公式书写完成后，单击"插入"按钮即可插入文本框中。选中公式文本框，在"开始"选项卡的"字体"选项组中可对公式的字号、颜色进行统一设置，如图5-58所示。

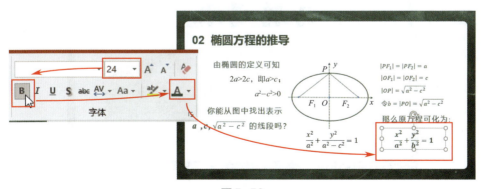

图5-58

利用PowerPoint软件进行屏幕截图

在课件制作过程中，如果需要临时截取图片作为素材，除了使用专业的截图软件外，还可以使用PowerPoint软件中的屏幕截图功能来操作。

在"插入"选项卡中单击"屏幕截图"下拉按钮，在列表中选择"屏幕剪辑"选项，此时软件会最小化，同时电脑桌面则为半透明状态，使用鼠标拖拽的方法框选出截图区域，如图5-59所示。

图5-59

完成后被截取的区域会自动插入至当前页面中，如图5-60所示，操作起来非常方便。

图5-60

第6章
动画类课件的制作方式

动画类课件的制作软件有很多,PowerPoint软件就是其中的一种,它主要用于制作页面中的文字动画和图片动画,将原本枯燥无味的课件变得生动有趣。本章将以PowerPoint软件为例,介绍动画类课件的基本制作方法。

扫码观看
本章视频

6.1 为课件添加动画效果

在"动画"选项卡中，用户可以根据需要来为课件中的文字、图片、图形等内容添加各类动画效果，并对其动画参数进行调整，如图6-1所示。

图6-1

6.1.1 设置4种基本动画

PowerPoint软件动画功能包含进入、强调、退出、动作路径这4种基本动画效果。在"动画"选项卡的"动画"列表中即可选择添加，如图6-2所示。

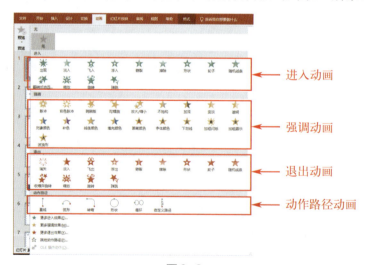

图6-2

（1）进入动画

进入动画是令对象从无到有，逐渐出现的动画过程。在页面中选择要添加动画的元素，然后在"动画"选项卡的动画列表中选择"进入"组中的动画效果即可添加。如图6-3所示的是添加"缩放"进入动画效果。

第6章 动画类课件的制作方式

图6-3

添加动画后系统会自动播放该动画效果。在该元素左上角会显示编号"1",这说明当前元素已添加了动画,如图6-4所示。

图6-4

选择动画元素,在"动画"选项卡中单击"效果选项"下拉按钮,可选择动画的运动方向。当前动画为"缩放"动画,所以用户可以选择是以"对象中心"进行缩放,还是以"幻灯片中心"来缩放,如图6-5所示。

不同的动画效果,其运动方向也不同。

 强调动画

对于课件中的一些重点内

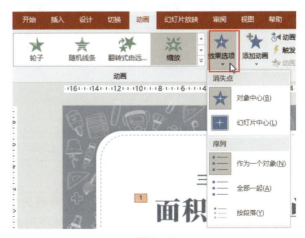

图6-5

容，可以为其添加强调动画，以便引起学生们的重视。在"动画"列表的"强调"组中选择相应的强调动画项即可添加。如图6-6所示的是为图片添加"脉冲"强调动画。

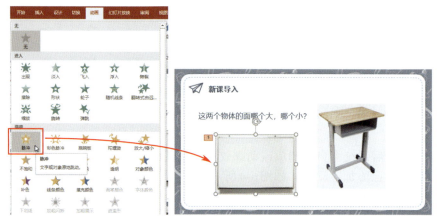

图6-6

注意事项：强调动画分为两种，分别是文字强调动画和图片强调动画。当选中的是图片，那么所有与文字相关的动画为灰色不可用。反之，如果选中的是文字，那么所有与图片相关的动画不可用。

选择"脉冲"强调动画，单击"动画"选项组右侧 按钮，在打开的"脉冲"对话框中，可对动画声音、动画播放后的效果、动画的时间、是否重复等参数进行调整，以保证动画效果自然、流畅，如图6-7所示。

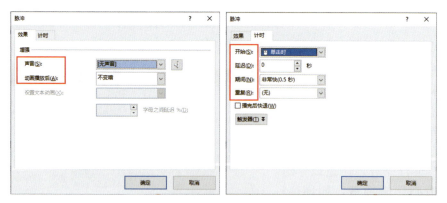

图6-7

（3）退出动画

退出动画就是令对象从有到无，逐渐消失的动画过程，它需要与进入动画配合使用。先进入，再退出。尽量不要单独使用退出动画，否则就会感觉到很突兀。在"动画"列表中退出效果是与进入效果一一对应的，如图6-8所示。例如："出现"→"消失";"飞入"→"飞出";"浮入"→"浮出";等等。通常进入动画选用的是怎样的进入效果,那么退出动画就要选择相对应的退出效果。

图6-8

(4) 动作路径动画

动作路径动画是让对象按照设定好的动作路径进行运动的动画效果。PowerPoint中预设了多种动作路径,用户可以直接选择使用。

选择好图形或图片元素,在"动画"列表中选择"动作路径"选项组中的路径,例如选择"直线"选项即可添加动画,如图6-9所示。

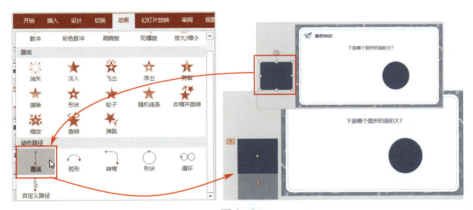

图6-9

路径中绿色圆点为运动起点,红色圆点为运动的终点。用户可直接拖动路径的起点或终点来调整该元素的运动方向,如图6-10所示。此外,也可通过"效果选项"来调整。

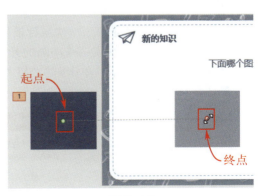

图6-10

经验之谈

右击添加的动作路径，在快捷列表中选择"反转路径方向"选项即可转换路径运动方向，如图6-11所示。

图6-11

以上这4种基本动画，除列表中列举的部分动画效果外，用户还可以通过选择"更多××效果"选项，在打开的对话框中来选择更多的动画效果，如图6-12所示。

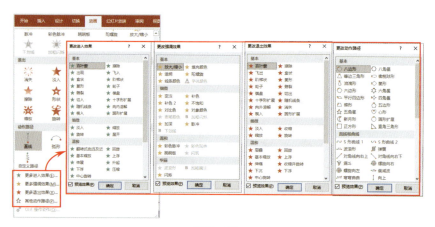

图6-12

6.1.2 调整动画的播放参数

添加动画后，默认是单击一次鼠标播放一个动画效果。如果想让页面中的动画自动播放，那么就需要修改这些动画的开始方式。在"动画"选项卡单击"开始"下拉按钮，列表中会显示"单击时""与上一动画同时""上一动画之后"这3种方式，如图6-13所示。

图6-13

单击时：为默认播放方式。单击鼠标才可播放动画效果。

与上一动画同时：是指当前动画与上一个动画同时播放。

上一动画之后：是指在上一个动画播放结束后，再播放当前动画效果。

在"开始"选项卡中单击"动画窗格"按钮即可打开相应的设置面板。在这里可对动画参数进行更为详细的设置。

在"动画窗格"设置面板中会显示出当前页面的所有动画项。在无选择状态下，单击"全部播放"按钮，可按照动画编号顺序从上至下播放所有动画，如图6-14所示。如果只想查看某项动画效果，只需选中它，单击"播放自"按钮即可，如图6-15所示。

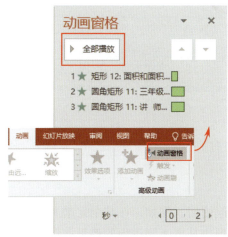

图6-14

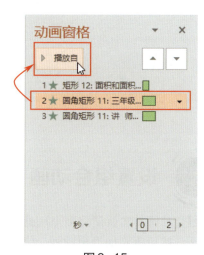

图6-15

选择某个动画项右侧三角按钮，在打开的列表中可对动画的播放方式、动画特效、动画计时等功能进行设置，如图6-16所示。

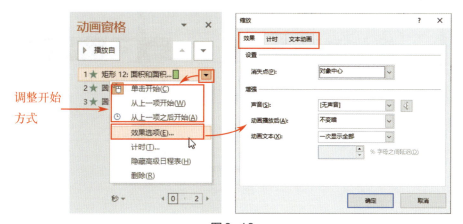

图6-16

如果需要调整某项动画的前后顺序，只需选中该动画项，将其拖拽至其他位置处即可。此时，该动画的编号也会随之改变，如图6-17所示。

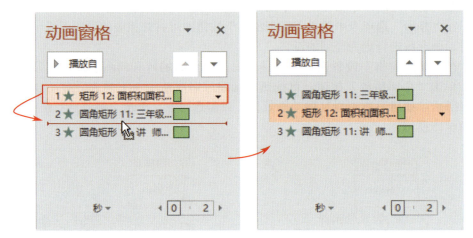

图6-17

6.1.3 设置组合动画

组合动画其实就是将多个动画组合在一起使用。例如，在某个元素上先添加进入动画，然后再添加退出动画，使该对象呈现出从进入到退出的连贯动作。

选中页面所需元素，这里选择"（平方米）"文字元素。先为其添加一个"擦除"进入动画，效果选项为默认，如图6-18所示。

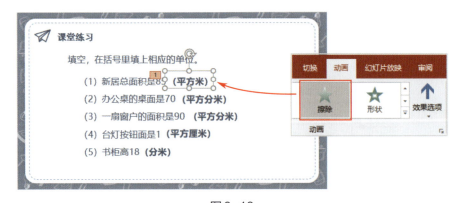

图6-18

保持该动画为选中状态，在"动画"选项卡中单击"添加动画"下拉按钮，从列表中选择"退出"组中的"擦除"动画，即可为其再添加一个"擦除"退出动画。此时在该元素左上角会显示两个动画编号，这就说明该元素添加了两组动画，如图6-19所示。

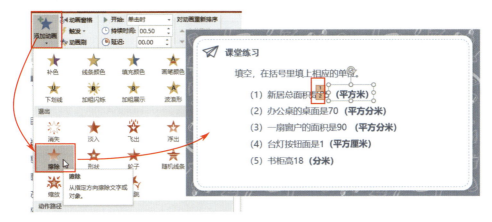

图6-19

打开"动画窗格"设置面板，单击"全部播放"按钮可查看该组合动画效果。这时会发现文字刚显示出来，还没有看清楚就退出了，这显然不合适。遇到这样的情况，就需要调整一下退出动画的延迟时间参数。先调整一下两个动画项的开始方式，然后选择第2个动画项，在"动画"选项卡的"计时"选项组中，将"延迟"设为01.00（1秒），如图6-20所示。

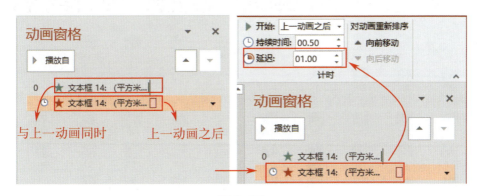

图6-20

设置完成后，在动画窗格中再次单击"全部播放"按钮，这时候进入动画播放完成后，会停顿1秒，然后再播放退出动画，这样才合理。

选中刚设置的组合动画，在"动画"选项卡中单击"动画刷"按钮，将该组合动画应用到其他文字元素中，即可复制动画效果，如图6-21所示。

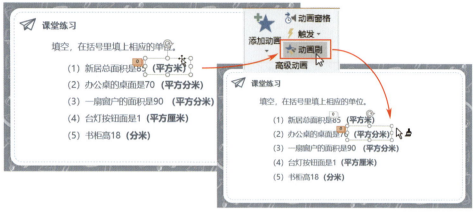

图6-21

6.1.4 添加页面切换动画

页面切换动画指的是在两张或多张页面切换时产生的动画效果,可以使页面间实现无缝连接。PowerPoint中内置了多种切换效果,按照切换种类来分,可分为细微型、华丽型和动态内容型三种。在"切换"选项卡的"切换到此幻灯片"选项组中即可选择相应的切换效果,如图6-22所示。

图6-22

选择好后,被选中的幻灯片将应用相应的切换效果。如图6-23所示的是"框"切换效果。

图6-23

在"切换"选项卡的"计时"选项组中单击"应用到全部"按钮，可将当前的切换效果应用到所有幻灯片中，如图6-24所示。

图6-24

6.2 课件的链接设置

在课件中添加超链接，可以实现页面间的跳转。这样一来，教师可以很方便地操控课件内容，减少了查找各种资料的时间，提高了授课效率。

 ### 课件内部链接

内部链接指的是在当前课件中所添加的链接。例如，为目录内容添加链接后，在放映课件时，只需单击链接内容即可快速跳转到相应页面。

在页面中选择好要设置链接的文本内容，在"插入"选项卡中单击"链接"按钮，打开"插入超链接"对话框，在左侧"链接到"列表中选择"本文档中的位置"选项，并在"请选择文档中的位置"列表中选择相对应的幻灯片，单击"确定"按钮，如图6-25所示。

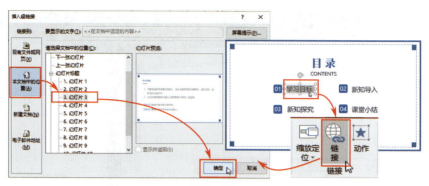

图6-25

设置完成后，被选择的文本已用下划线的方式突出显示。将光标移至该文本上，就会显示相关的链接信息。按住Ctrl键的同时，单击该文本即可跳转到相关页面，如图6-26所示。

图6-26

 经验之谈

如果发现链接内容有误，右击设置链接的文本，在快捷列表中选择"编辑链接"选项，在打开的"编辑超链接"对话框中重新选择链接的幻灯片即可，如图6-27所示。

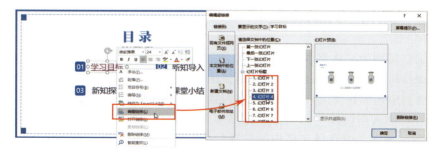

图6-27

6.2.2 课件外部链接

外部链接指的是将课件中的某一节内容链接到其他指定的文件（Word 文档、Excel 表格、其他课件）或网页中。

在课件中选择要设置的元素，这里选择图片元素。单击"链接"按钮，打开"插入超链接"对话框，在"链接到"列表中选择"现有文件或网页"选项，并在"查找范围"列表中指定好要链接到的文档，单击"确定"按钮即可，如图6-28所示。

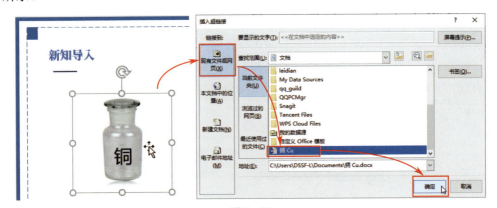

图6-28

如果要将内容链接到相关网页，只需在"插入超链接"对话框的"地址"方框中输入网址，单击"确定"按钮即可，如图6-29所示。

如果想要删除链接设置，只需右击设置链接的元素，在快捷列表中选择"删除链接"选项即可。

图6-29

6.2.3 添加链接按钮

为了能够更加灵活地操控课件，用户还可以为其添加动作按钮。通过单击动作按钮可快速地返回到上一页或首页。

在课件所需页面中插入一个满意的按钮图形，选中该图形，在"插入"选项卡中单击"动作"按钮，打开"操作设置"对话框，单击"超链接到"单选按钮，并在其列表中选择"幻灯片"选项，在"超链接到幻灯片"对话框中选择要链接到的幻灯片，如图6-30所示。

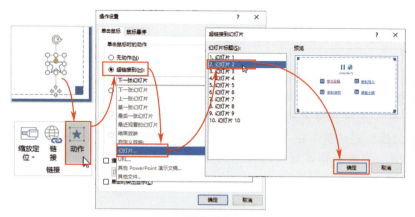

图6-30

选择好后单击"确定"按钮,返回到上一层对话框,确认一下链接的幻灯片是否有误,无误后单击"确定"按钮,完成按钮链接的设置,如图6-31所示。

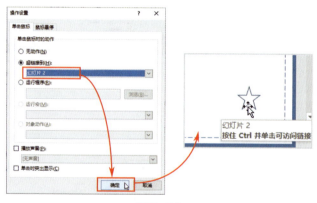

图6-31

6.3 放映课件内容

课件放映是课件制作的最后一步,也是微课中比较重要的一步。在录制微课前,最好先播放一遍课件内容,保证课件能够正常放映。避免在录制过程中出现各种课件方面的问题,从而影响到整个课程的节奏。

6.3.1 了解放映类型

PowerPoint的放映类型有三种,分别为演讲者放映(全屏幕)、观众自行浏览（窗口）和在展台浏览（全屏幕）。在"幻灯片放映"选项卡中单击"设置幻灯片放映"按钮，在"设置放映方式"对话框中可以根据需要选择合适的放映类型，如图6-32所示。

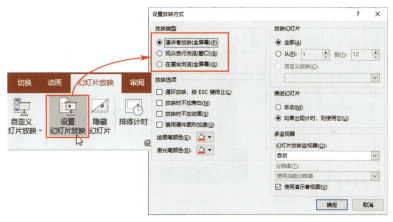

图6-32

演讲者放映（全屏幕）：该类型是PowerPoint默认的放映类型。在放映过程中，可使用鼠标、翻页器和键盘来操控幻灯片的放映。选择该类型后，只需按F5键，系统即会以全屏模式进行放映。

观众自行浏览（窗口）：该类型比较适用于自主学习类的课件，它是让学生通过单击各种链接按钮来实现自行浏览课件的一种方式。选择该类型后，系统会以窗口模式来放映。

在展台浏览（全屏幕）：该类型是在无人操控下自行放映。在选择该类型前，先要设定好每张页面的换片时间才行。在"切换"选项卡的"计时"选项组中勾选"设置自动换片时间"复选框，并设置好每张页面的停留时长，然后取消勾选"单击鼠标时"复选框即可，如图6-33所示。

图6-33

 6.3.2 选择课件放映方式

课件的放映方式有四种，分别为从头开始放映、从指定页开始放映、自定义放映和自动放映。

(1) 从头开始放映

无论选择课件中的哪一页，只要在"幻灯片放映"选项卡中单击"从头开始"按钮，或按F5键，系统都会从课件首页开始放映，如图6-34所示。

图6-34

(2) 从指定页开始放映

如果想要从课件指定页开始放映，例如，从第5张幻灯片开始放映，那么就先选择第5张幻灯片，单击"从当前幻灯片开始"按钮，或按Shift+F5组合键，即可从第5张幻灯片开始放映，如图6-35所示。

图6-35

(3) 自定义放映

如果只想放映课件中某几页内容，例如，只放映第3～8页内容，那么就需要使用自定义放映方式了。

在"幻灯片放映"选项卡中单击"自定义幻灯片放映"下拉按钮，从列表中选择"自定义放映"选项。在"自定义放映"对话框中单击"新建"按钮。打开"定义自定义放映"对话框，在"幻灯片放映名称"文本框中输入名称，然后在"在演示文稿中的幻灯片"列表框中勾选需要放映的幻灯片。这里勾选"幻灯片3"～"幻灯片8"，单击"添加"按钮，将其添加到"在自定义放映中的幻灯片"列表框中，如图6-36所示。

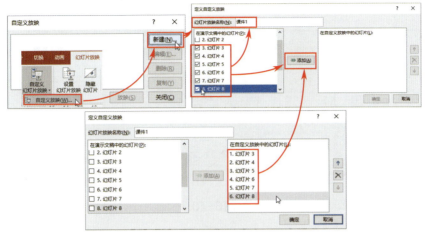

图6-36

添加好后，单击"确定"按钮，返回到"自定义放映"对话框，选择设置的放映名称，单击"放映"按钮即可按照指定的页面进行放映，如图6-37所示。单击"关闭"按钮，下次想要调用该放映内容，可在"幻灯片放映"选项卡中单击"自定义幻灯片放映"下拉按钮，从列表中选择该名称，如图6-38所示。

图6-37

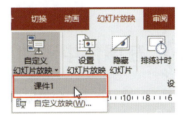

图6-38

（4）自动放映

在"幻灯片放映"选项卡中单击"排练计时"按钮，会进入放映模式。这时在页面左上角会出现"录制"工具栏，用户可根据每页内容的多少来设置每页的放映时间，如图6-39所示。

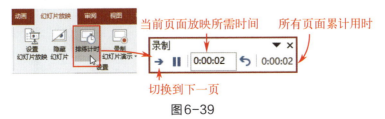

图6-39

当所有页面计时完成后，系统会打开提示对话框，单击"是"按钮，可保留所有页面计时时间。切换到幻灯片浏览视图界面，此时，每张幻灯片下方都会显示相应的计时，系统会根据每张幻灯片的计时来放映，如图6-40所示。

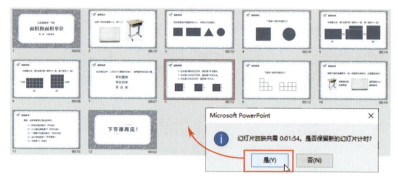

图6-40

 经验之谈

如果想要取消每张幻灯片的计时，可在"幻灯片放映"选项卡中取消勾选"使用计时"复选框，如图6-41所示。

图6-41

6.3.3 在课件中添加注释

在课件放映过程中，如果需要对课件内容进行一些必要的标记，可使用墨迹功能来操作。

按F5键进入课件放映状态，在所需页面中单击鼠标右键，从快捷列表中选择"指针选项"，并在其级联菜单中选择"笔"类型。然后按住鼠标左键不放，拖动鼠标即可进行标记，如图6-42所示。

图6-42

课件放映结束后，系统会打开提示对话框，询问是否保留墨迹注释，单击"保留"按钮，则保留墨迹注释，单击"放弃"按钮，则清除墨迹注释，如图6-43所示。

图6-43

如果想要更改笔颜色，可在"指针选项"的级联菜单中选择"墨迹颜色"选项，并选择一款颜色，如图6-44所示。此外，在"设置放映方式"对话框中对"绘图笔颜色"进行调整，也可更换其颜色，如图6-45所示。

图6-44

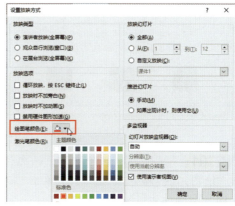

图6-45

在放映过程中，用户还可将课件页面设置成"黑屏"或"白屏"模式，以此来模拟黑板或白板功能。在放映状态下，右击页面，在快捷列表中选择"屏幕"选项，并从级联菜单中选择"黑屏"或"白屏"选项，此时页面将会切换至相应的屏幕，单击左下角"墨迹"按钮，启动笔功能，拖拽鼠标即可在该屏幕上写入文字内容，如图6-46所示。

图6-46

制作触发动画效果

触发动画是指在单击某个特定对象后才会触发的动画。在课件中运用触发动画，可方便教师与学生之间的互动，增强课件的趣味性。下面将以数学课件中《新的知识》一节内容为例，来介绍触发动画的具体操作，如图6-47所示。

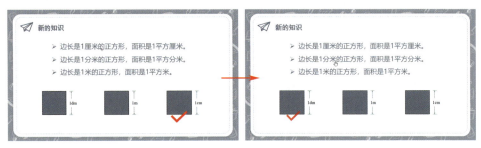

图6-47

步骤 01：打开《数学课件》原始文件，选择第8张页面。先选择第1行文本框，在"绘图工具-格式"选项卡中单击"选择窗格"按钮，打开该窗格。此时"文本框14"将被选中，如图6-48所示。

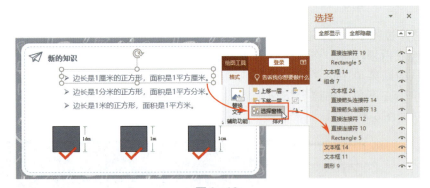

图6-48

步骤 02：单击"文本框14"选项，将其重命名，如图6-49所示。

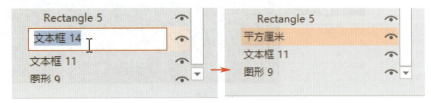

图6-49

步骤 **03**：在页面中选择第二行文本框和第三行文本框，按照上面的方法，分别对这两个文本框名称进行重命名，如图6-50所示。

步骤 **04**：按照同样的方法，将页面中的三个"√"图形分别进行重命名，如图6-51所示。

图6-50

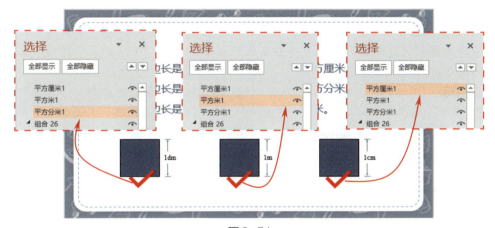

图6-51

步骤 **05**：选择左侧第1个"√"图形，为其添加一个"缩放"进入动画。然后单击"添加动画"按钮，再为其添加一个"缩放"退出动画，如图6-52所示。

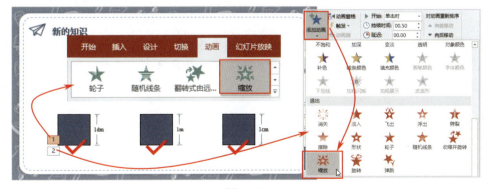

图6-52

步骤 **06**：打开动画窗格，选中退出动画选项。将其"开始"方式设为"上一动画之后"，并将其延迟时间设为1.5秒，如图6-53所示。

步骤 **07**：单击"动画刷"按钮，将第1个"√"动画复制到其他两个"√"图形中，如图6-54所示。

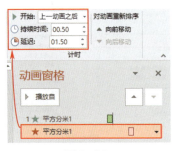
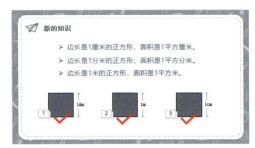

图6-53　　　　　　　　　图6-54

步骤 **08**：选中第1个"√"，在"动画"选项卡中单击"触发"下拉按钮，从列表中选择"通过单击"选项，并在其级联菜单中选择"平方分米"选项，如图6-55所示。

步骤 **09**：照此方法，将第2个"√"和第3个"√"，分别链接到"平方米"和"平方厘米"选项上。设置完成后，所有动画编号已变成触发图标，如图6-56所示。

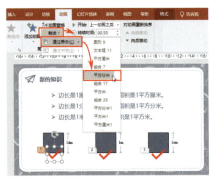
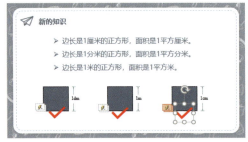

图6-55　　　　　　　　　图6-56

步骤 **10**：按Shift+F5键进入当前页的放映状态。单击任意一行文本框后，与其相对应的"√"就会显示出来，稍等片刻"√"就会消失。至此，触发动画制作完毕。

工具体验

几何画板功能简介

　　几何画板是一款专业理科几何教学软件，该软件可以帮助教师对一些复杂的数学概念进行教学，并利用其动画功能来演示各几何图形之间动态的关系，让数学课堂变得更加有趣。如图6-57所示的是几何画板操作界面。

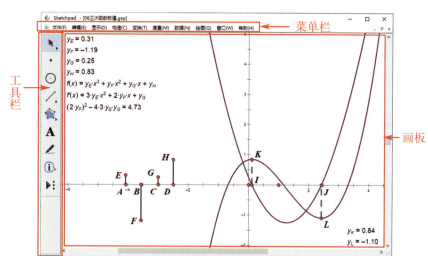

图6-57

利用几何画板可以绘制出各类几何图形、函数曲线，同时还可以对图形构造进行编辑，实现动画的操作。

(1) 绘制各类几何图形

与其他绘图软件相比，几何画板绘制的图形更为精准，更符合数学的教学要求。用它可完成所有的尺规作图，例如直线、平行线、垂直线、各类圆形、三角形等，如图6-58所示。

(2) 按指定数值变换图形

通过几何画板中的工具箱，可按指定值、计算值或动态值任意旋转、平移、缩放原有图形，并在其变化中保持几何关系不变，从而更有助于研究图形的运动和变换等问题。如图6-59所示的是根据圆上的点合并/分离圆。

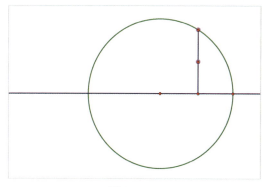

图6-58

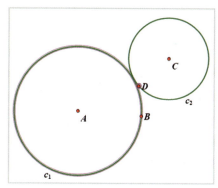

图6-59

(3) 对图形进行测量和计算

几何画板可测算线段的长度、各种角的角度,并对测算出的值进行多种计算,包括四则运算、幂函数、三角函数等。如图6-60所示的是计算圆面积值。

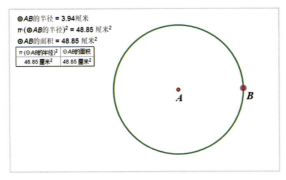

图6-60

(4) 绘制各类函数图像

在坐标系功能下,可绘制各种复杂的函数图像,并可通过参数变化,更深入地了解函数曲线。如图6-61所示的是二次函数图像。

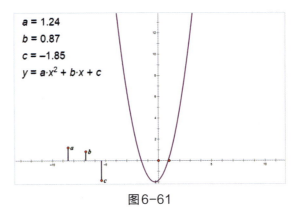

图6-61

(5) 制作动态轨迹

几何画板能将较简单的动画和运动通过定义、构造和变换,得到所需的复杂运动。使用便捷的轨迹跟踪功能,能清晰地了解目标的运动轨迹。

(6) 保持和突出几何关系

保持几何关系是几何画板的精髓。几何图形无论如何变化,它们之间的几何关系都不变。此外,几何画板还可突出重要的几何关系,利用隐藏图形、改变线型或改变字符格式来突出重点。

第 7 章
录屏型微课的制作方式

通过屏幕录制来制作微课是目前较为流行的微课制作方式,这种方式操作起来比较简单,一台电脑、一个麦克风、一个摄像头就可以进行录制。为了让教师能够顺利地录制微课,本章将对一些常用的录屏工具进行介绍。

扫码观看
本章视频

7.1 使用PowerPoint录制视频

PowerPoint软件除了可制作各种类型课件外，还可以根据需求录制各种屏幕操作，以方便快速插入至课件中。本节将对PowerPoint录屏功能进行简单介绍。

7.1.1 录制视频

在"插入"选项卡中单击"屏幕录制"按钮，系统会自动将PowerPoint软件界面最小化，并将屏幕以半透明状态显示，同时屏幕顶端会显示录制工具栏。使用鼠标拖拽的方式框选出要录制的区域，如图7-1所示。如果需要调整录制区域，可单击"选择区域"按钮重新框选。

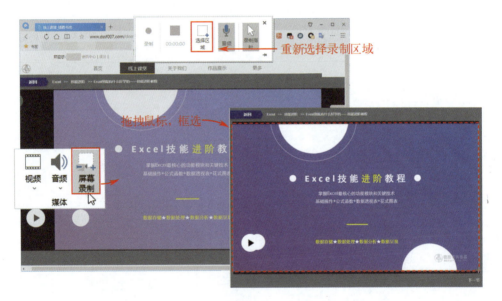

图7-1

单击工具栏中的"录制"按钮，进入倒计时状态。3秒倒计时结束后随即开始录制，如图7-2所示。

注意事项： 用PowerPoint的屏幕录制功能与使用QQ或微信的屏幕录制工具类似，比较适合录制课件素材片段。如果要录制整个微课内容，建议使用专业的屏幕录制工具来操作。

第7章 录屏型微课的制作方式

图7-2

录制结束后,在录制工具栏中单击"停止"按钮,此时录制的视频会自动插入至当前页面中,如图7-3所示。

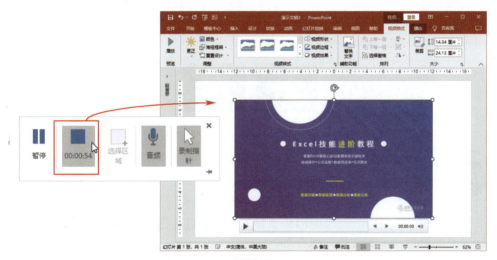

图7-3

 保存视频

如果需要将录制的视频保存在电脑中,可右击该视频,在快捷菜单中选择"将媒体另存为"选项,在打开的对话框中设置好保存位置及文件名,单击"保存"按钮,如图7-4所示。

121

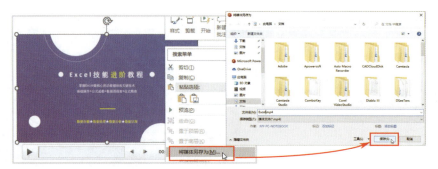

图 7-4

7.2 使用 Camtasia 录制视频

Camtasia 是一套专业的屏幕录像工具，具有即时播放、视频编辑等功能。该软件的使用率比较高，也是当前教师们常用的录制工具。Camtasia 分 Camtasia 视频录制和 Camtasia 视频编辑两种工具，如图 7-5 所示的是这两种工具的图标。其中 Camtasia Recorder 为录制工具，而 Camtasia 则为视频剪辑工具。下面将对该工具的使用方法进行介绍。

图 7-5

7.2.1 录制前的准备

在录制前，需要对一些录制的必要参数进行设置，例如，录制区域的设置、操作快捷键的设置、录制文件的保存等。

启动 Camtasia Recorder 随即打开录制工具栏，以及录制选取框，如图 7-6 所示。

图 7-6

(1) 设置录制尺寸

在录制工具栏中单击 按钮，在打开的列表中选择好尺寸参数即可，如图7-7所示。

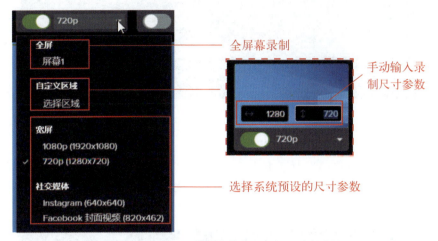

图7-7

除以上方法外，还可拖动屏幕中的选取边框来调整录制区域，如图7-8所示。

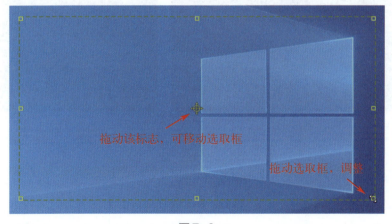

图7-8

(2) 设置快捷键

默认情况下，录制、暂停或继续录制的快捷键为F9，停止录制的快捷键为F10。如果在操作过程中，这两个快捷键与其他软件发生冲突，那么可对默认的快捷键进行更换。

在录制工具栏中选择"工具"选项，在下拉列表中选择"首选项"选项，在"Recorder首选项"对话框的"快捷键"选项卡中对所需快捷键进行更改即可，如图7-9所示。

图7-9

(3) 设置文件的输入与输出

在"Recorder首选项"对话框中选择"文件"选项卡，可设置录制视频的文件名以及默认的文件输出路径、临时存储路径，如图7-10所示。选择"输入"选项卡，在此可设置录制屏幕及摄像头相关参数，一般为默认即可，如图7-11所示。

图7-10

图7-11

 经验之谈

在"Recorder首选项"对话框的"常规"选项卡中可对一些常规设置选项进行调整，例如，是否显示倒计时、录制暂停后光标位置、是否捕获录制工具栏，以及停止录制后是否退出。

7.2.2 开始录制视频

必要的录制准备工作完成后，单击录制工具栏中的"rec"按钮，或按F9（默认）快捷键进入倒计时状态，倒计时结束后即可开始录制，如图7-12所示。

第7章 录屏型微课的制作方式

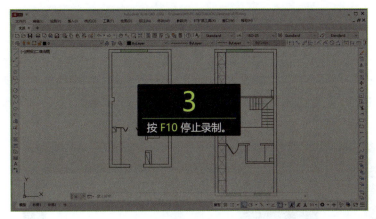

图 7-12

在录制过程中可单击工具栏的暂停、停止、重启等按钮来控制录制操作，如图 7-13 所示。

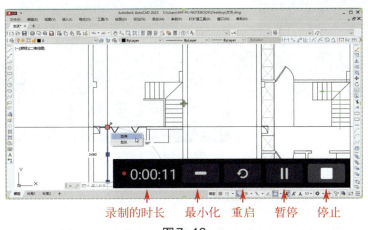

录制的时长　最小化　重启　暂停　停止

图 7-13

录制结束后，会打开"保存录制"对话框，在此可对录制的文件进行保存。保存好后，系统会启动 Camtasia 编辑界面，单击"播放"按钮可对录制的视频进行预览。

注意事项：使用 Camtasia Recorder 工具录制的视频文件其格式为 *.trec，该格式文件只能用 Camtasia 编辑工具打开，其他视频编辑软件均无法打开。

7.3 使用 Camtasia 处理视频

Camtasia 视频编辑工具可以对录制的视频内容进行剪辑加工，例如，修剪视频内容、添加文字注释、处理视频声音、添加视频特效转场等。

125

7.3.1 剪辑视频内容

双击录制的视频文件,可进入Camtasia操作界面。在时间轴上拖动播放指针到要删除内容的起始处和结尾处,按Ctrl+X键或单击"✂"按钮即可删除,如图7-14所示。

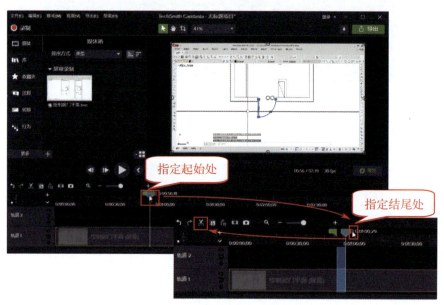

图7-14

如需在当前视频中插入新视频片段,则需要先将视频进行拆分。在时间轴上拖动播放指针至所需位置,单击"▯▯"按钮可拆分视频,如图7-15所示。

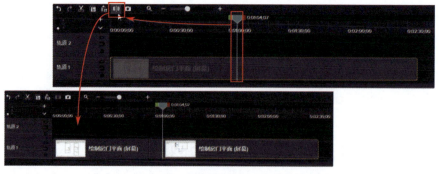

图7-15

拆分完成后,将新视频直接拖至时间轴播放指针处,通过移动拆分后的视频来调整插入视频的前后顺序,如图7-16所示。

图 7-16

如需为视频添加片头片尾素材图片,将相关图片分别拖至视频起始位置和结尾处即可。

7.3.2 添加文字注释与字幕

如果需要在视频某个画面中添加一些必要的文字注解,或者添加视频字幕,可利用该工具中的注释和字幕功能来操作。

(1) 添加文字注释

在时间轴中将播放指针定位至所需画面,在操作界面左上角工具栏中选择"注释"选项,打开相应的设置面板。该面板包含6个设置选项,分别为"标注""箭头和线""形状""模糊和高亮""草图运动"和"击键标注"。

① 标注 该选项主要用来为视频画面添加一些注释内容。用户根据需要选择合适的标注样式,直接拖至当前画面中,双击文字即可输入,如图7-17所示。

图 7-17

单击界面右侧"属性"按钮,可打开属性设置面板,在此可对文字格式以及形状样式进行更详细的设置,如图7-18所示。

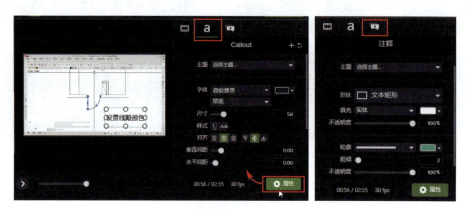

图7-18

② 箭头和线 该选项可在画面中添加一些箭头或线条标注。在"箭头和线"选项卡中选择好箭头或线段样式,将其拖至视频画面所需位置即可。用户可移动箭头或直线两端任意圆点来调整其位置,如图7-19所示。

图7-19

 经验之谈

无论是在画面中添加箭头还是文字标注，在时间轴相应的位置都会有显示。单击即可选中，拖动其框线至指定时间点，可调整该标注持续显示的时间，如图7-20所示。

图7-20

③ 形状　形状与标注相似，如需在画面中突出强调某重点区域，可为其添加形状。在"形状"选项卡中选择所需的形状样式，将其拖至画面合适位置。打开"属性"面板，可以调整形状的颜色和不透明度，如图7-21所示。

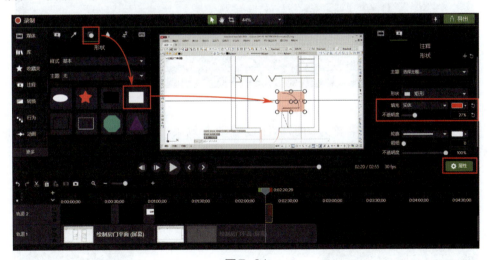

图7-21

④ 模糊和高亮　如需对画面某处进行模糊或突显处理，可使用该选项卡中的相关模式来操作。在"模糊和高亮"选项卡中选择相应的模式，并将其拖至画面指定位置即可。图7-22、图7-23所示的分别是画面模糊效果和画面聚光灯效果。在"属性"面板中可以设置模糊和聚光灯的强度值。

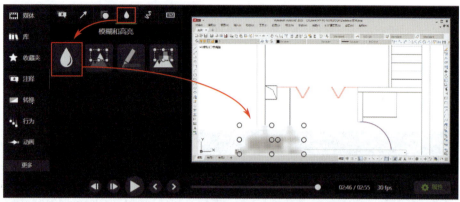

图7-22

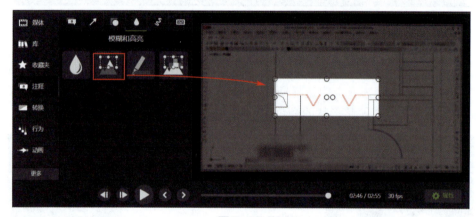

图7-23

⑤ 草图运动　如果要为图形标注设置动态效果，可使用该选项卡中相关图形样式来添加。在"属性"面板中可设置该图形的颜色、粗细和绘制时间，如图7-24所示。

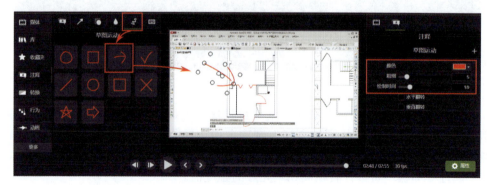

图7-24

⑥ 击键标注　该选项卡主要用于标注一些常用的快捷键，例如，Ctrl+C、Ctrl+V、Ctrl+X等。在"击键标注"选项卡中选择一款合适的按键样式，将其拖至画面中。打开"属性"面板，选中"键"，并在键盘上按下相应的按键即可，如图7-25所示。

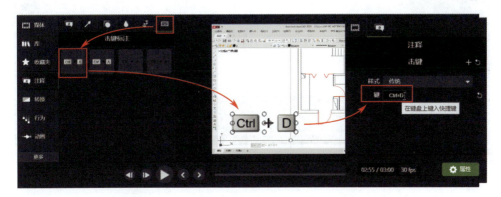

图7-25

(2) 添加字幕

为了让视频内容展示得更加清晰，可为视频添加文字字幕。在工具栏中选择"字幕"选项，在打开的"字幕"面板中单击"添加字幕"按钮，输入字幕内容，如图7-26所示。

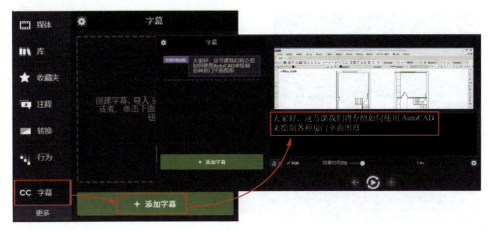

图7-26

字幕输入完毕后，单击画面任意处即可完成字幕的添加操作。按照同样的方法可继续添加其他字幕内容，如图7-27所示。

图7-27

7.3.3 处理视频声音

一般来说录制微课时是边解说边录制,所以课程录制完成后,Camtasia会自动加载录制的声音。用户只需对其进行降噪处理,以避免出现各种杂音,从而影响学生听课。在时间轴上选择音频文件,在工具栏中选择"音效"选项,在打开的"音效"面板中将"去噪"效果拖至音频上即可,如图7-28所示。

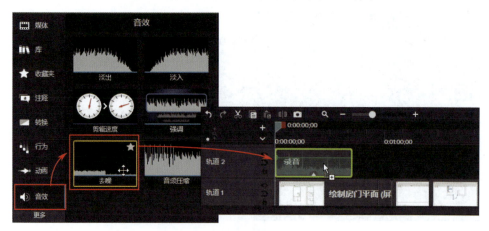

图7-28

如果需要后期添加视频的旁白,在工具栏中选择"旁白"选项卡,在"旁白"面板中单击"开始录音"按钮即可实时录音。单击"停止"按钮,保存好录制的旁白文件即可,此时系统会自动将旁白文件添加至时间轴中,如图7-29所示。

图7-29

 设置光标效果

Camtasia工具中内置了多种光标效果,其中包括光标显示效果、光标左键单击效果和光标右键单击效果,如图7-30所示。在工具栏中选择"光标效果"选项卡,在打开的面板中选择所需的效果,并将其拖至时间轴上即可。

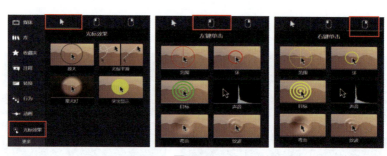

图7-30

经验之谈

如果想要删除添加的光标效果,可在时间轴上单击""按钮显示该效果。单击选中效果,然后右击鼠标,在快捷列表中选择"删除"选项即可,如图7-31所示。

图7-31

 添加视频转场特效

视频转场特效可使各个视频片段之间的切换更加顺滑。在工具栏中选择"转换"选项,在"转换"面板中选择一款满意的转换特效,将其拖至时间轴上某一视频片段中即可,如图7-32所示。

图7-32

添加好后，单击"▶"按钮即可查看添加的转场特效，如图7-33所示。

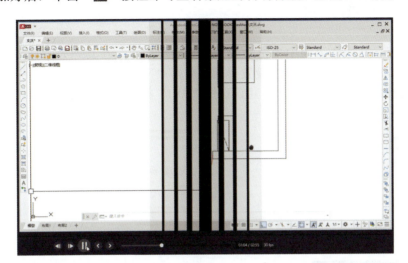

图7-33

若想取消转场效果，在时间轴中右击相应的视频片段，在快捷列表中选择"移除"选项，并选择"所有转换"选项即可，如图7-34所示。

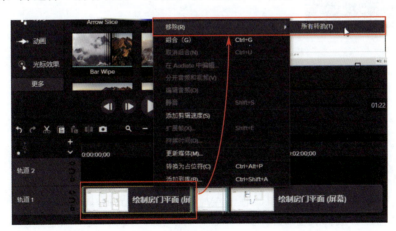

图7-34

7.4 导出录制视频

录制的视频剪辑完成后，需要将其导出为不同视频格式，方便传输至各大网络平台进行分享。

7.4.1 导出视频

在Camtasia操作界面中单击右上角"导出"按钮,在其列表中选择"本地文件"选项,打开"生成向导"设置界面,单击"下一页"按钮,在打开的下一级界面中选择好所需的视频格式,建议选择"AVI"格式,如图7-35所示。

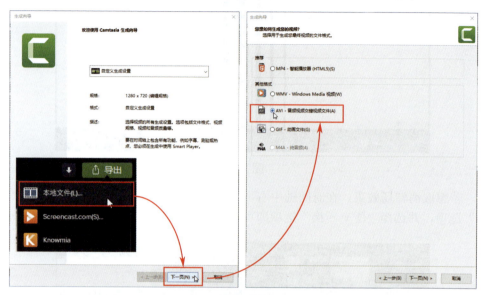

图7-35

经验之谈

MP4、WMV、AVI这三个格式文件相比,AVI格式的视频清晰度最高,视频压缩率最小,但其文件容量是最大的。

继续单击"下一页"按钮,在"AVI编码选项"界面中可以设置视频的颜色、帧率等信息,一般保持默认即可。单击"下一页"按钮,在"视频大小"界面中默认为录制时的视频尺寸,当然也可自定义,单击"自定义"单选按钮后可输入自定义的高度值和宽度值,如图7-36所示。

这里不建议用户修改视频尺寸。一旦修改,就无法保证当前视频的清晰程度了。通常为"当前"录制尺寸即可。

单击"下一页"按钮进入"视频选项"界面,这里可以为当前视频添加水印。勾选"包含水印"复选框,并单击其下方的"选项"按钮,在打开的"水印"界面中通过"图像路径"找到所需的水印图片,同时设置好水印的位置及大小。在"水印预览"界面中可查看水印效果,如图7-37所示。

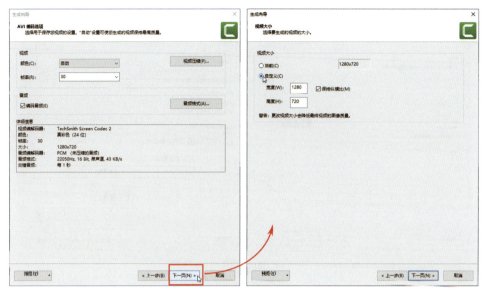

图 7-36

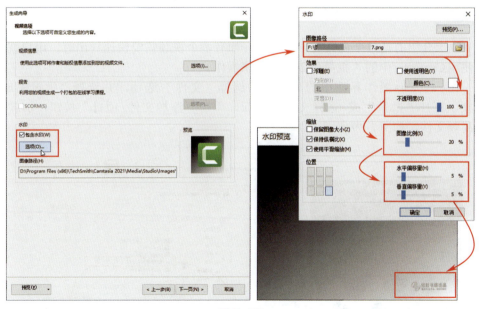

图 7-37

设置后单击"确定"按钮返回到上一层对话框,在此可确认一下水印内容是否正确。单击"下一页"按钮,在"生成视频"界面中设置好文件名称及保存位置,单击"完成"按钮,稍等片刻即可完成导出操作,如图 7-38 所示。

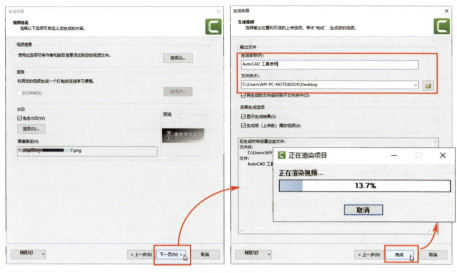

图 7-38

7.4.2 视频批量导出

以上介绍的是单个视频的导出操作。如有多个视频需要快速导出时，用户就可以使用Camtasia中的"批量生成"功能来操作。

在Camtasia操作界面中的菜单栏中选择"文件"选项，并选择"批量生成"选项，打开"批量生成-选择文件"界面，单击"添加文件/项目"按钮，加载所有视频文件，如图7-39所示。

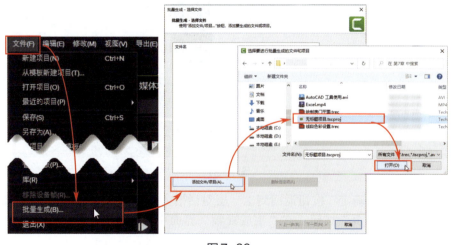

图 7-39

添加完毕后，单击"下一页"按钮，进入"批量生成-预设选项"界面。在此需先统一设定好所有视频导出的格式。单击"预设管理器"按钮，进入"管理生成预设"界面，单击"新建"按钮，按照预设向导一步步设定好导出的格式（其方法与导出单个视频方法相同），如图7-40所示。

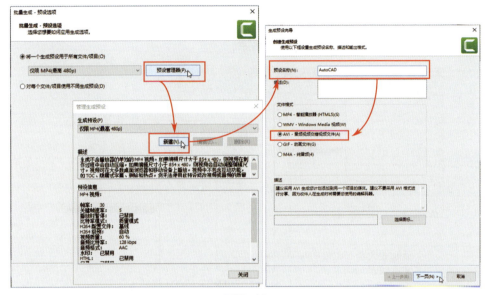

图7-40

格式设定好后，会返回到"管理生成预设"界面，用户需要确认格式是否正确，确认无误后单击"关闭"按钮。然后单击"下一页"按钮，在"批量生成-完成"界面中设置好文件导出的路径，单击"完成"按钮即可，如图7-41所示。

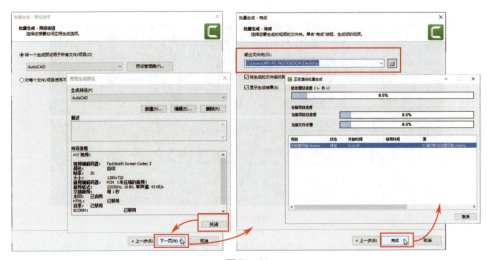

图7-41

利用Camtasia缩放视频画面

在录制视频时,为了能够让观众更清楚地观看到操作细节,会将这些细节画面进行放大处理。下面就以《AutoCAD 基础技能》视频为例,来介绍如何使用Camtasia进行画面缩放操作,如图7-42所示。

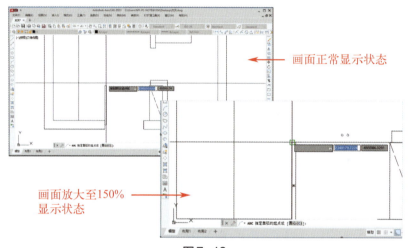

图7-42

步骤 01:打开"AutoCAD基础技能.tscproj"素材文件,进入Camtasia操作界面。在时间轴中选择第1个视频片段,单击鼠标右键,在快捷列表中选择"添加剪辑速度"选项,为该片段设置加速效果,如图7-43所示。

图7-43

步骤 02:单击选中该效果,打开"属性"设置面板,将"速度"设为1.50x,其他为默认,为当前视频设置1.5倍加速播放,如图7-44所示。

图7-44

步骤 03：按照同样的方法，将时间轴上其他两段视频也设置为1.5倍加速播放效果，如图7-45所示。

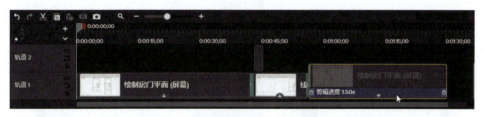

图7-45

步骤 04：在时间轴上，将播放指针移至0：00：22；10位置。在工具栏中选择"动画"选项，将"缩放"参数设为150%，如图7-46所示。

图7-46

步骤 05：移动视频预览窗口，调整视频画面的显示位置。此时在时间轴中会显示出缩放点，如图7-47所示。

图7-47

步骤 06：在时间轴上，将播放指针移至0：00：25；28位置处。同样为其添加另一个缩放点，其缩放大小为100%，结果如图7-48所示。

图7-48

步骤 **07**：按照同样的方法，可为视频添加第3个、第4个缩放点，分别位于时间轴上的0：01：13；15和0：01：24；11。其中第3个缩放点的缩放大小为150%，第4个缩放点的缩放大小为100%，并调整好画面显示的位置，如图7-49所示。

图7-49

步骤 **08**：设置完成后，单击"导出"按钮，选择"本地文件"选项，打开"生成向导"界面。单击"下一页"按钮，将视频格式设为"AVI"，依次单击"下一页"按钮，直到"生成视频"界面，在此设置好"生成名称"及"文件夹"路径，取消勾选"将生成的文件组织到子文件夹中"选项，单击"完成"按钮，稍等片刻完成视频导出操作，如图7-50所示。

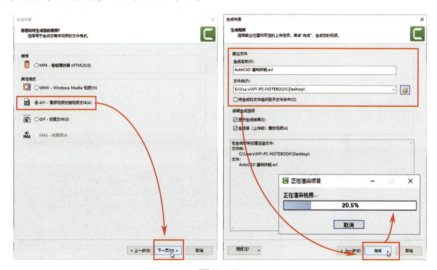

图7-50

EV录屏软件

EV录屏是一款专业的桌面录屏软件，该软件既可以录制屏幕，也可以进行在线直播。在录制屏幕时，EV录屏软件支持同步显示按键、使用画笔等。如图7-51所示为 EV 录屏操作界面。

图 7-51

在"常规"选项卡中选择"本地录制"按钮，并选择好录制区域。这里可以选择全屏录制，也可以自定义录制区域，如图 7-52 所示。

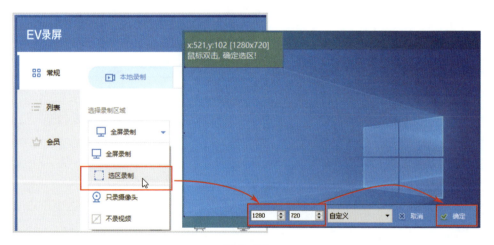

图 7-52

在"选择录制音频"列表中可设置音频录制类型。设置好后单击"开始/暂停"按钮，等待倒计时完成后即可开始录制，如图 7-53 所示。

图 7-53

录制完成后,按 Ctrl+F2 组合键或单击悬浮球中的"停止■"按钮结束录制。录制的视频将出现在"列表"选项卡中,单击"更多⊙"按钮,在打开的列表中可对视频进行重命名、更改存储位置、上传分享、删除等操作,如图 7-54 所示。

图 7-54

注意事项:在"EV录屏"操作界面中单击"剪辑"按钮,则需另外安装"EV剪辑"工具才行。

第8章
拍摄型微课的制作方式

除录屏型微课外,拍摄型微课也是教师们常用的方式。该类型的微课需要借助于摄像机、手机等设备对授课者、教学场景进行现场拍摄,比较适合用于理论讲述型课程和实践操作类课程。本章将对拍摄型微课的常规制作方法及要领进行简单介绍。

扫码观看
本章视频

8.1 微课拍摄的基本常识

在学习制作拍摄型微课前，需要先了解一些拍摄的基础知识。例如，各种拍摄器材、拍摄画面的构图技巧、运镜的方式等。

8.1.1 拍摄微课的硬件标配

微课拍摄的硬件设备主要分拍摄设备、支架设备、收音设备和补光设备这四种。

(1) 拍摄设备

视频拍摄常规设备有数码相机或手机，如图8-1所示。这类设备即拿即用，操作简单。对没有拍摄经验的教师来说是比较方便的。

图8-1

如果对视频的画质有较高要求，可以使用专业的单反相机或摄像机等，如图8-2所示。这类设备操作起来有些复杂，需要有一定的摄像基础才行。

图8-2

(2) 支架设备

为了防止拍摄的画面出现抖动，则需要利用各种摄像支架设备来固定摄像机。常见的有三脚架、手机支架、摄像摇臂等，如图8-3所示。

图8-3

(3) 收音设备

拍摄过程中收音设备是必不可少的。例如,麦克风、录音笔、领夹式麦克风、挑杆话筒等,如图8-4所示。

图8-4

(4) 补光设备

如果拍摄环境比较昏暗,那么就可以利用补光设备对拍摄主体进行打光。常见的补光设备有反光板、补光灯、外拍灯等,如图8-5所示。

图8-5

经验之谈

除了一些专业的补光设备外,在生活中也有不少易获取的补光工具,比如用台灯来补光,其效果也是不错的。

以上介绍的是视频拍摄的基本设备。在拍摄微课时，用户需根据微课的类型来选择不同的拍摄设备。

- 单人自拍类微课：该类型的微课一般使用便携式设备即可。例如，手机、数码相机、平板等。
- 访谈类微课：该类型的微课要求比较高，一般采用专业的拍摄设备，例如，高清摄像机或单反相机、提词器等。此外，其拍摄场地也要选择一个相对较安静的场所。
- 情景剧类微课：该类型的微课类似于一段微电影，其拍摄要求就会更高。除了使用以上介绍的专业的摄像机、摄像摇臂、摇杆话筒外，还需用到摄像滑轨、跟焦器等。

8.1.2 微课画面的构图原则

对于有教师出镜的微课画面，其构图需遵循以下两条原则。

 三分之一原则

让教师位于画面三分之一处，这样的构图方式比较符合人们的审美习惯。用两根水平线和两根垂直线将视频画面等分成九份，这四根线段交汇的四个点就是画面构图比较好的视觉位置，将拍摄主体放置在该位置上即可，如图8-6所示。

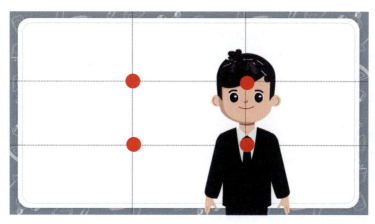

图8-6

 留白原则

教师出镜时，尽量避免人物头顶贴近画面边界，否则整个画面会显得很拥挤。让教师头顶与边界之间留有一定的空间，画面有点空隙感才会觉得舒适。此外，教师不要遮挡身后课件文字内容。如图8-7所示的是教师位置错误与正确的对比效果。

图8-7

如果是拍摄实验型微课，那么只需将拍摄主体放置在画面中央即可。

 8.1.3 拍摄运镜技巧

运镜是指在录制过程中通过移动摄像机拍摄动态景象，它是视频拍摄的一种手段。常用的运镜方法有推、拉、摇、移、跟、环绕、升降等。恰到好处地运用好镜头，才能够达到较好的拍摄效果。

- 推镜头：是最常见的一种运镜技巧。拍摄时，镜头缓慢向主体物方向推进，拍摄主体在画面中的比例逐渐变大。实现整体到局部转移，形成视觉前移感。
- 拉镜头：与推镜头正好相反，它将镜头逐渐向后拉远并远离拍摄主体，实现局部到整体的转移。
- 摇镜头：是将摄像机位置保持不变，借助三脚架的云台或手机稳定器进行上下、左右、旋转等各种形式的摇摆，用于表示人物处在静止位置。
- 移镜头：是将镜头沿水平方向按一定的轨迹进行移动拍摄，用于表示人物处于运动中的主观视线，也可表达作者一些特殊的创意。
- 跟镜头：是将镜头跟随运动的主体来拍摄。用于表现人物连续的动作或表情，以及主体的运动变化。
- 环绕镜头：是将镜头围绕主题进行拍摄，通常以360°全方位来展示主体。
- 升降镜头：是将镜头做上下运动。用于表现主体的高度，增加画面的垂直感和扩展感等。

注意事项：在运镜的过程中一定要保持画面的稳定状态，不能来回摇晃，否则会给人头晕目眩的感受。此外运镜的速度要均匀，不能时快时慢。

 8.1.4 拍摄的景别与角度

景别指的是被拍摄的主体在画面中呈现的大小和范围。景别分为五种，由远到近依次为远景、全景、中景、近景和特写。如图8-8所示的是五种景别的大致范围。

- 远景：画面中的人物小于画面高度的一半，甚至为一个点。主要用来表现所处环境宽阔、壮观的场面。
- 全景：画面中的人物比例超过画面高度的一半，并能展示人物的全身。与远景相比，全景有明显的内容主体。
- 中景：主要用来表现人物膝盖以上的部分或某一场景的局部画面，是访谈类视频常用的景别。
- 近景：主要用来表现人物胸部以上的部分，能够展示出更多的人物面部表情。
- 特写：只取画面某个局部，虽然画面不完整，但能很好地表现出主体物的细节特征。

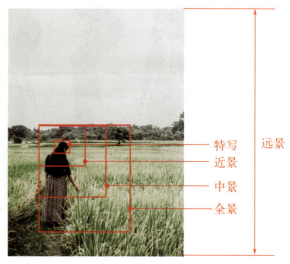

图8-8

总而言之，景别越大，镜头与拍摄主体就越近，展示的画面内容就越突出，例如特写镜头；景别越小，镜头就越远，所展示的画面范围就越大。

拍摄角度是指摄像机与主体物之间形成的方向关系、高度关系和远近关系。拍摄方向可分为正面角度、侧面角度、斜侧角度、背面角度。而拍摄高度可分为平拍、俯拍和仰拍这三种。拍摄远近就是以上所介绍的景别大小。

(1) 拍摄方向

当镜头对准拍摄主体的正面时，为正面拍摄。正面拍摄可以真实地反映主体的正面形象，能够让画面中的人物与观众进行很好的交流与沟通。这也是微课常用的拍摄手法。

当镜头与拍摄主体正面方向呈直角时，为侧面拍摄。如果想要表达多个拍摄主体之间的关系时，可用侧面角度来拍摄。

当镜头与拍摄主体正面方向呈45°角时，为斜侧面拍摄。该角度有利于表现场景的空间深度，有利于安排主体和陪衬之间的位置关系、主次关系，很好地突出拍摄主体。

当镜头对准拍摄主体背后时，则为背面拍摄。背面拍摄的画面中没有拍摄主体的正面形象，可使观众产生与主体有同一视线的主观效果。背面拍摄具有很强的纪实性，可以表现人物在特定情境下的心理状态，具有借实写意的传播效果。

如图8-9所示的是拍摄方向示意图。

正面　　　侧面　　　斜侧面　　　背面

图8-9

（2）拍摄高度

平拍是将镜头与拍摄主体保持在同一水平线上，这样可使画面中的主体不变形，给人稳定的视觉感，这种拍摄角度最为常用。

俯拍是将摄像机由高处向下拍摄，给人以低头俯视的感受。这种拍摄角度可以很好地表现画面中的层次与主体关系，营造出辽阔、纵观全局的感觉。

仰拍与俯拍相反，它是将摄像机从低处向上拍摄。这种角度比较适合拍摄高耸的建筑物，让建筑物显得更加高大雄伟。但拍摄角度需要控制好，避免画面主体出现畸形过度的现象。

如图8-10所示的是拍摄角度示意图。

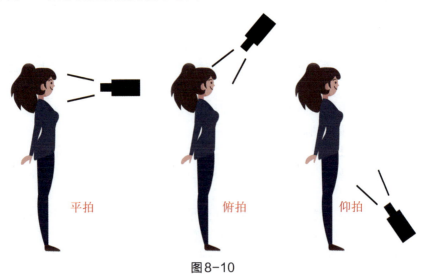

平拍　　　　　俯拍　　　　　仰拍

图8-10

8.2 微课常见的拍摄方式

拍摄类微课录制方式有很多，可选择在课堂上进行录制，以实现情景式教学，也可以选择在虚拟场景中进行录制。教师们可根据教学环境和授课内容，来选择相应的拍摄方式。

8.2.1 传统课堂拍摄方式

很多教师在传统课堂中能够表现得很精彩，可一旦面对摄像机就会变得紧张，而不知所措。针对这类人群，可以直接拍摄他在传统课堂中授课的全过程。这样既可避免教师面对镜头的各种不适感，又可让观众获得真实课堂教学的体验感，如图8-11所示。

图8-11

这类微课视频制作流程如下：

① 教师准备好教案。

② 各类设备调试。为保证录制效果，应对摄像机、话筒等设备预先进行调试。保证拍摄画面的亮度、对比度、色温参数合理。

③ 拍摄现场准备工作。现场灯光调试，保证环境亮度合理，无反光现象。

④ 开始录制。录制教师教学全过程，保证录制画面清楚，声音清晰。

⑤ 后期剪辑。对录制的内容进行加工，保证课程的正确性和连续性。必要时添加特效，以突出讲课重点。

8.2.2 虚拟场景拍摄方式

虚拟场景指的是在拍摄现场用抠像绿幕作为人物背景，利用后期剪辑软件将其背景与拍摄的人物活动的图像进行实时合成，从而形成完美的画面效果，如图8-12所示。

图8-12

这类微课视频制作流程如下：

① 教师准备好教案。

② 调试设备。为保证录制效果，应对摄像机、话筒等设备预先进行调试。保证拍摄画面的亮度、对比度、色温参数合理。

③ 拍摄现场准备工作。现场灯光调试，保证现场布光均匀，人物轮廓要鲜明，这样才能保证抠图效果。

④ 开始录制。录制教师教学全过程，保证录制画面清楚，声音清晰。

⑤ 后期剪辑。先将拍摄内容进行抠像处理，然后制作新场景、字幕、图像等素材，最后将人物与场景画面融合。

8.2.3 自主拍摄式

对于绘画类、书法类、手工类微课来说，教师完全可以自主拍摄。准备好一部手机（或家用DV）、一个支架、一支笔、一张纸等必要工具后就可以进行课程的录制，如图8-13所示。

这类微课视频制作流程如下：

① 教师准备好教案。

② 调整设备。将手机固定在支架上，调整好拍摄位置。

③ 开始录制。在镜头录制范围内进行

图8-13

相关操作。保证录制画面稳定清楚,声音清晰。

④ 后期剪辑。对录制的内容进行删减,保证内容的准确性以及连贯性。添加必要的字幕和特效,丰富视频画面。

8.3 现场拍摄的要求与标准

对于拍摄类微课,其场地的选择,以及教师的妆容仪表、授课时的语速节奏和肢体语言等都会影响到拍摄效果。为了能够顺利地完成拍摄,教师们可参考以下几点要求及规范来调整。

拍摄场地

拍摄场地可以根据授课内容来选择。如果是理论课,可以选择教室、大礼堂或者录影棚等,面积在50平方米以上。如图8-14所示的是学校录播教室效果。实验课以及其他类课程由教师自行选择拍摄场地,其场地面积要给拍摄设备预留出足够的空间。

无论选择哪一类拍摄场地,都要求场地光线充足、环境安静

图8-14

整洁,避免在镜头中出现广告嫌疑或与课程无关的标识内容。

在实际拍摄微课时,场地的光线很重要,视频录制要做到统一的色温,通常只留室内日光灯作为照明光源,为保证足够照度,室内灯光光源按需开启。

注意事项: 同一系列的微课,其拍摄场地要统一,以达到后期课程制作的统一美观性要求。

妆容仪表

镜头前教师的服饰妆容也很重要,大方得体的妆容可以给人留下好的印象。

教师在授课时需穿正装,例如西装外套、套裙、衬衫、西裤等,不要选择颜色与黑板颜色相近的服装,以避免画面中的教师与背景不易分辨。西装外套内搭衬衫尽量不要选择细条纹图案,以避免录制的画面产生条纹扭曲现象。

女性教师可以化淡妆，保证面部清爽干净不出油。女性教师应将头发束在脑后，刘海不宜过长。

男性教师的妆容表现出男性的力量感即可。男性教师的发型应简洁、整齐、自然，不要留长发。

在授课时尽量不要佩戴各种饰品，如手链、耳钉、项链。此外，尽量不要佩戴框架眼镜，可以使用隐形眼镜替代。因为框架眼镜的镜片会产生反光，从而破坏画面效果。

8.3.3 语言要求

在录制过程中，教师应保证吐字清晰、用词准确、语言通顺，尽量避免口头语的使用。例如，"嗯""啊""哦"，以及一句话多次重复的语病。

（1）使用普通话授课

教师须全程使用普通话授课。教师有一口流利标准的普通话对于学生来说是一种享受，对完成教学任务起着重要的作用。使用普通话教学能极大提高学生的注意力和学习兴趣，从而提高教学效果。

（2）声音清晰洪亮

教师声音要清晰洪亮。洪亮的声音是为了提高学生的注意力。单调乏味、缺乏鼓动性的声音容易分散学生的思维。

（3）把控好语速

教师的语速不宜过快。语速太快，学生来不及反应，从而会严重影响教学效果。语速又不宜过慢。语速太慢，会使学生精神涣散，感觉沉闷，昏昏欲睡。所以教师把控好语速也很关键。在语速上应该是张弛有度、快慢适宜、富有变化的。抑扬相间、急缓交错的和谐语调，既能增强教学效果，也能使学生欣赏语言艺术的魅力。

（4）运用好停顿

书面语有标点符号表示各种停顿，口语中也是一样的道理。停顿恰当，能够更清晰地体现出语言的逻辑性和教学内容的内在联系。妙用停顿，有时还能收到"无声胜有声"的特殊效果。

8.3.4 肢体语言

肢体语言被称为语言交际过程的"第二种表现方式"。肢体语言主要包含表情及动作这两个方面。脸部可以在大脑的驱使下做出喜、怒、哀、乐等情态变化。运用眼神传情达义，让学生从眼神中获知教师所思所感。灵活恰当地运用各种眼神，能有效加强师生之间的沟通与交流。

除了表情以外，动作也是肢体语言的重要组成部分。教师的站姿和坐姿要保持自然放松。站有站相，坐有坐相。千万不要趴在讲台上或仰坐在椅子上。此外，教师在授课过程中不要在镜头前随便乱走动，以免影响学生注意力。

在镜头前合理地运用手势，则具有表露情感、加强语言力度和管理教学的作用。当在讲解到教学的重点、难点，或者教学比较抽象的、学生不容易接受的知识，抑或是需要表露感情、发表见解时，可适当增加像演讲者一样的手势动作。千万不要做敲打讲台、手指镜头或抓鼻挠耳等动作，这样会给人留下不礼貌的感受。

为微课视频添加后期配音

微课视频拍摄结束后，如果发现收录的声音不理想，那么用户可以使用音视频剪辑软件进行后期配音。下面以剪映专业版为例，来介绍视频后期配音的设置操作。

步骤 01：启动剪映专业版软件，并导入所需视频文件。在界面上方工具栏中选择"文本"选项进入文本设置面板，单击"默认文本"右下角的"+"按钮添加文字，如图8-15所示。

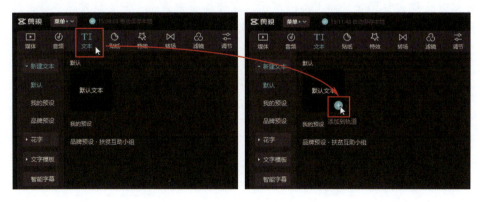

图8-15

步骤 02：在界面右侧"文本"选项卡中输入所需文字内容。输入后，选择"朗读"选项卡，在打开的列表中可以选择一款满意的音色，单击"开始朗读"按钮即可为当前这段视频添加语音文件，如图8-16所示。

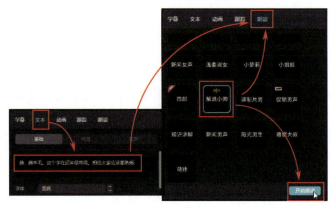

图8-16

高质量AI人工智能配音App

配音工厂是一款专业的配音App，用户可以根据需要选择不同风格的AI配音音效。这些AI音效堪比真人配音，有效地弥补了现场录音的不足。

启动配音工厂App，进入首页。先在"配音演员"列表中选择一款合适的配音效果，并点击"制作"按钮进入音频设置界面，输入要说的文字内容，点击"试听"按钮试听这段文字配音，如图8-17所示。在该界面中点击"配音设置"按钮，可对当前的配音语速、音量等内容进行设置，如图8-18所示。

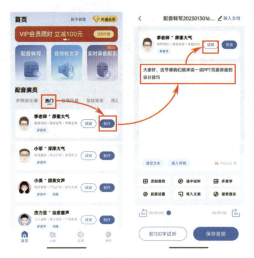

图8-17　　　　　　　　　　图8-18

设置完成后，点击"保存音频"按钮可将当前配音文件保存至手机中。配音完成后，系统内置了多个音频剪辑小工具，用户可以对配音的内容进行快速编辑，操作起来十分方便，如图8-19所示。

图8-19

第 9 章
交互型微课的制作方式

交互型微课是在原有微课的视频基础上，利用技术手段增加交互功能，学生可以通过输入设备对课程内容进行相关操作，使教学过程成为一种信息双向交流的过程，从而实现教学视频最有效的利用。本章将以目前较流行的HTML5微课为例，来介绍交互型微课的制作方法。

扫码观看
本章视频

9.1 了解HTML5微课

在学习制作HTML5微课内容前,先要对HTML5微课的相关概念、特点、制作工具等内容有所了解。

什么是HTML5微课

HTML5(以下简称H5)是一种超文本标记的语言,是万维网的核心语言HTML的第五次重要修订,是一种新生代的web语言,它能够适应移动设备的多个平台。而H5微课就是利用这种语言编写的翻页课件,通过手机端将课件中的文字、图片、音频、视频等元素以动画的方式展现出来。如图9-1所示的是H5互动类微课部分获奖作品截图。

图9-1

HTML5微课的优势

H5微课与其他类型的微课相比,有以下几点优势。

(1) 注重交互性

其他类微课大多是采用平铺直叙的方式来讲解知识点,内容单向输出,无法实现师生互动。而H5类型的微课偏向于交互性，它是通过不断启发、问答来进行双向交流，并利用互动来逐步推进课程教学，更注重学生的参与和体验。

（2）支持跨平台学习

其他类微课最终是以视频形态来呈现，而H5类型的微课大多是以网页课件来呈现，它可将各种课件形式融合起来，实现文字、图片、表格、音视频、交互、设计创意、动画元素的有机结合。它能支持跨平台学习，有助于在不同终端上获得良好的学习体验。

（3）操作简单易上手

其他类微课从PPT设计到录制，再到剪辑，需要多个工具配合使用。中间有一个环节出现错误，有可能会导致重新制作。而H5类型的微课能够直接套用相关模板，替换页面中的元素即可完成微课的创作。如果发现有错误内容，只需将其替换一下，重新发布即可。

9.1.3 HTML5微课的制作平台

目前，H5微课制作平台有很多，用户可以根据实际需求来选择。

如果有现成的PPT课件，可直接选用转换平台，将课件转换为H5微课，并且完美地保留所有类型的动画和声音。例如九一速课网，如图9-2所示。

图9-2

如果没有PPT课件，可选用其他制作平台。H5的开发平台可分为简易模板类和专业制作类两种。简易模板类平台有着更为丰富的图文设计素材以及大量精美的模板，用户可根据需求套用各种模板进行快速创作。例如，易企秀、MAKA、初页等，如图9-3所示的是易企秀平台首页。

图9-3

易企秀主要侧重于可套用大量模板,且能进行教学反馈信息的收集。MAKA网站则更侧重于模板的精致性和界面简洁性,主要应用于制作教育相关的宣传海报。初页网站也含有丰富的模板,但用于H5设计作品的较少,它更适合制作卡片式微课。

专业制作类平台比较常用的是iH5、意派、木疙瘩等网站。这类制作平台具有一定的难度,通常需要学习一段时间后才能上手制作。这类平台在交互动画方面相比其他简易平台来说要更加强大。物理引擎、数据库、直播流、多屏互动等功能应有尽有,且兼容性更强大。如图9-4所示的是意派官方网站界面。

图9-4

9.2 HTML5微课的制作方法

对H5微课有了大致的了解后,接下来可以动手来制作微课了。本节将以易企秀网站为例,对该微课的制作流程进行介绍。

9.2.1 选择微课创作方式

利用易企秀网站制作H5微课时，用户可选择直接套用模板来创作，或者是自己独立创作。

（1）使用模板创作

打开易企秀官方网站，进入首页面。选择"免费模板"选项，在列表中选择所需的模板类型，并选择一款合适的模板，单击"免费制作"按钮随即进入创作界面，如图9-5所示。

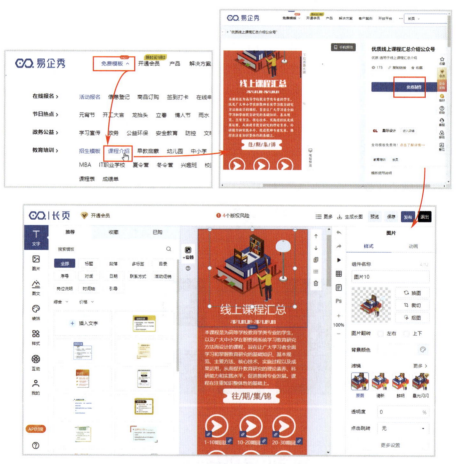

图9-5

在创作界面中，如需替换模板中的图片，只需右击图片，在打开的快捷列表中选择"更换"选项，在打开的"图片库"界面中单击"本地上传"按钮，在打开的对话框中选择新图片素材即可，如图9-6所示。

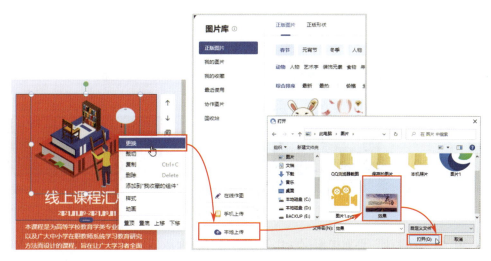

图9-6

双击模板中的文字，可对其内容进行修改，如图9-7所示。单击页面右侧"↑"或"↓"箭头按钮，可对文字的位置进行调整，如图9-8所示。

图9-7

图9-8

按照以上方法继续调整模板中其他内容即可完成创作。

注意事项：在创作页面上方"版权风险"选项中会列举当前模板中所有涉及版权的素材。用户需对这些素材进行调整，以免因版权问题而造成不必要的麻烦。

（2）创建空白页面

如果没有合适的模板，用户也可运用系统内置的设计素材进行独立创作。进入易企秀网站后选择"H5"类别项，并选择"创建设计"选项，进入该界面，如图9-9所示。

图9-9

在"创建设计"界面中根据制作需求,选择页面版式即可进入创作界面,如图9-10所示。

图9-10

 制作微课基本内容

微课内容包含文字、图片、音视频、动画等基本元素。这些元素在易企秀网站中都可以轻松插入。易企秀创作界面可分为4个区域,分别为素材区、制作区、页面管理区以及编辑工具区,如图9-11所示。

第9章 交互型微课的制作方式

图9-11

（1）设置页面背景

新建的页面背景是透明色，为了页面美观，通常需要为其添加背景。易企秀平台提供了4种背景模式，分别为"纯色""渐变""图片"和"纹理"。用户可在页面管理区的"页面背景"中进行设置，如图9-12所示。

此外，用户还可在素材区中来设置页面背景。在素材区的"单页"选项卡中，选择一款满意的单页版式，删除其中的文字、图片等元素，保留其页面背景即可，如图9-13所示。

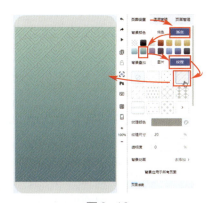

图9-12

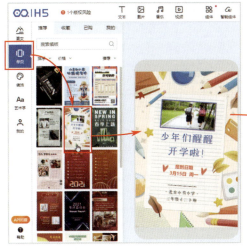

图9-13

167

选择背景图片，在"组件设置"面板中可对当前的背景图片进行二次加工。例如，添加滤镜、调整背景色调、调整透明度等，如图9-14所示。

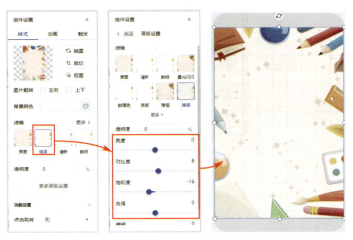

图9-14

在"组件设置"面板中用户还可为当前背景设置动画效果。选择"动画"选项卡，并选择"添加动画"按钮，在动画列表中选择一款动画效果，设置好时间、延迟、次数等参数即可。

在素材区中选择"装饰"选项卡，选择矩形形状，即可添加矩形。在"组件设置"面板中调整好矩形的颜色，并调整好其大小，如图9-15所示。

图9-15

(2) 设置文本

在编辑工具区中单击"文本"按钮，可在制作区中输入文字内容。在"组件设置"面板中可对当前文字的格式进行设置，如图9-16所示。

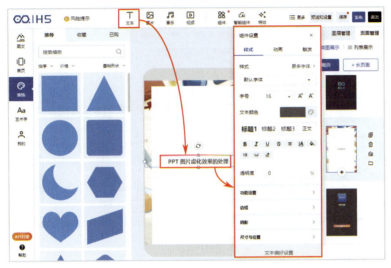

图9-16

当然，也可在素材区中"艺术字"选项卡中选择一款合适的义字效果来插入文字，同样在"组件设置"面板中对该艺术字效果进行调整，如图9-17所示。

图9-17

在素材区"装饰"选项卡中可选择一款合适的装饰图案对当前文字进行装饰，如图9-18所示。按照以上相同的方法，添加页面其他文字内容。

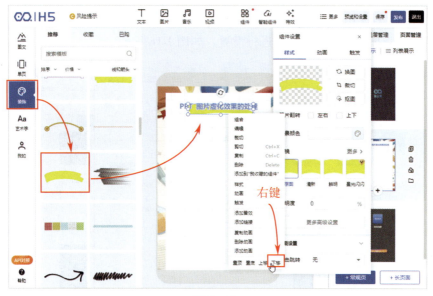

图9-18

（3）添加图片

在编辑工具区中单击"图片 "按钮，在"图片库"界面中选择"本地上传"按钮，在打开的对话框中选择所需的图片，然后在"我的图片"选项中单击该图片即可插入至正文页面中，如图9-19所示。

图9-19

单击图片，在"组件设置"面板中可对图片的样式、图片色调、滤镜等效果进行设置。在页面管理区的"页面管理"选项卡中单击页面中的"+"按钮，可新建一张页面。如果单击"复制"按钮，可复制当前页面，如图9-20所示。

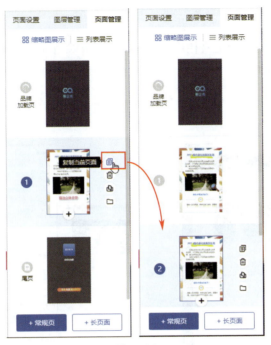

图 9-20

(4) 添加音视频

视频的添加方法与图片的添加方法相同。在编辑工具区中单击"视频▷"按钮,在"视频库"中单击"本地上传"按钮,在打开的对话框中选择要插入的视频文件即可插入至当前页面中,如图 9-21 所示。

图 9-21

经验之谈

在页面管理区左侧工具栏中单击 ▶ 按钮,可对当前设置的页面内容进行预览,如图9-22所示。

选中插入的视频,在"组件设置"面板中可对视频的封面、播放形式、视频样式进行设置,如图9-23所示。

图9-22

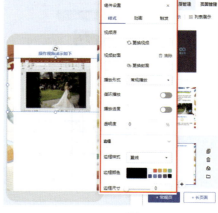

图9-23

在编辑工具区中单击"音乐♪"按钮,在打开的"音乐库"界面中可以选择系统内置的音乐,也可以单击"上传音乐"按钮,插入自己的音乐文件(方法与插入视频相同)。选择好后,单击"立即使用"按钮即可插入该背景乐,如图9-24所示。

图9-24

9.2.3 插入微课反馈信息

在易企秀网站中可以很轻松地在页面中添加一些互动内容，例如，在课前或课后添加答题、课程意见反馈、课程评分、课程报名板块等。下面就添加课程意见反馈信息为例，来介绍具体的操作。

在编辑工具区中单击"组件"按钮，在其列表中选择"评分"选项即可在当前页面中插入该内容，用户可在"组件设置"面板中对该内容进行详细的设置，如图9-25所示。

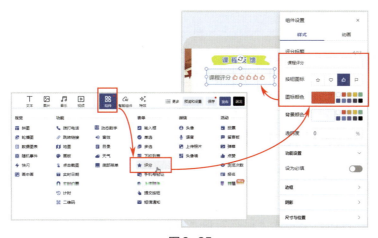

图9-25

在"组件"列表中选择"输入框"选项，可在页面中添加文本框，让参与者在该文本框中输入反馈意见，如图9-26所示。

图9-26

按照以上方法，在"组件"列表中选择所需的表单选项来丰富该页内容，结果如图9-27所示。

微课开发与制作一本通

图9-27

9.2.4 保存并发布微课内容

微课内容制作完毕后，接下来就需要对其进行发布，以便让更多有需要的人群浏览学习。

单击创作界面右上角的"保存"和"发布"按钮，打开"分享设置"界面。在此，可通过复制作品链接，或分享二维码的方式将课程分发至微信群、QQ群或其他社交平台中，如图9-28所示。

图9-28

易企秀网站中可将制作的微课内容转换成图片、PDF格式的文档，以满足不同需求的观看人群。

在创作界面右上角单击"更多"按钮，在其列表中选择要转换的格式选项，例如，选择"生成PDF"选项，在打开的生成界面中单击"下载到电脑"按钮，即可将该微课以PDF格式下载至电脑中，如图9-29所示。

图9-29

在H5微课中添加数据图表

下面将以易企秀网站为例，来介绍如何在H5微课中添加所需的数据图表，制作结果如图9-30所示。

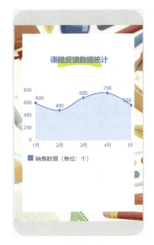

图9-30

步骤 01：在编辑工具区选择"组件"选项，在其下拉列表中选择"数据图表"选项，此时页面中会插入一张图表，如图9-31所示。

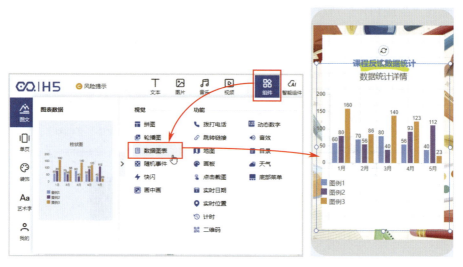

图9-31

步骤 02：在"组件设置"界面中将"图标类型"设为"曲线图"，删除"标题"选项的文字，并将"图例设置"设为"横向排列"，如图9-32所示。

步骤 03：单击"编辑表单数据"按钮，在打开的表格中对图表数据进行调整，完成后单击"确定"按钮，此时页面中的图表数据也会随之发生变化，如图9-33所示。至此，数据图表插入完毕。

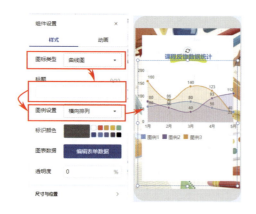

图9-32

图9-33

第9章 交互型微课的制作方式

工具体验

使用CourseMaker制作交互式微课

CourseMaker是一款交互式微课制作和应用软件，它无须web平台，就可以实现微课的上传、发布、分享、浏览、点播、答题及批改功能。如图9-34所示的是CourseMaker2021版本界面。

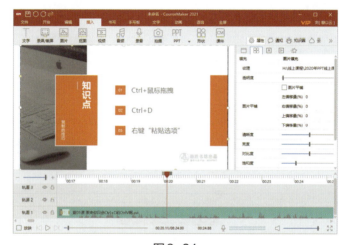

图9-34

下面将介绍如何利用该软件来添加习题内容，以便和学生进行更好的互动。

在微课视频中指定好要插入的关键帧。在功能区中单击"开始"选项卡的"编辑习题"按钮，打开"习题编辑"界面。单击"新增"按钮，选择所需题目类型，如图9-35所示。

图9-35

在"习题编辑"界面的"题目"窗口中输入题干内容,并在"参考答案"窗口中选择正确的答案,完成后单击界面右上角"×"按钮关闭即可,如图9-36所示。

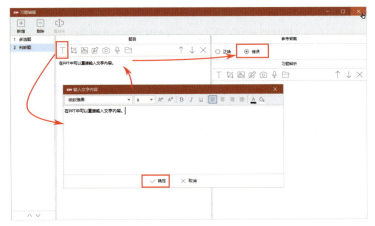

图9-36

习题编辑完成后,在操作界面下方轨道上会显示习题项目。该习题在预览视频时无法查看,只有发布以后才可显示习题项目,如图9-37所示。

图9-37

在功能区中选择"开始"选项卡的"发布"按钮,并在其下拉列表中选择"导出视频并发布到知识圈"选项,即可打开"发布"界面。在此可对发布的内容进行设置,例如课程标题、课程预览图、访问对象等。设置完成后单击"发布"按钮即可,如图9-38所示。

图9-38

 经验之谈

如果没有知识圈，可在右侧"知识圈 知识圈"窗口中单击"新建知识圈⊕"按钮来创建自己的知识圈。

发布完成后，在"知识圈"窗口中单击该课程播放按钮，可观看视频。当播放到习题关键帧时，系统会自动弹出习题界面，学生可在该界面中进行答题操作，如图9-39所示。

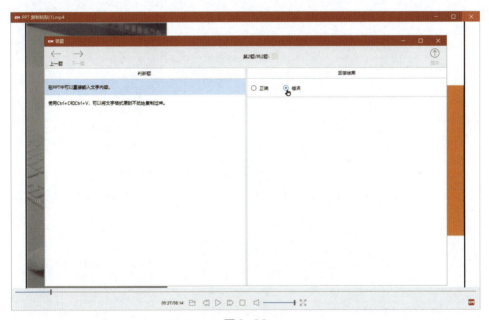

图9-39

第 10 章
微课在手机 App 中的应用

使用移动 App 制作微课具有自由、不受拘束的特点。在教学活动中可选择通过手机自带功能或一些常用 App 录制编辑微课视频。本章将介绍几款好用的视频录制及剪辑 App 的使用方法。

扫码观看
本章视频

10.1 常用的手机 App 录制工具

微课除了使用电脑端制作外,还可通过移动端 App 来制作。本节将对常用的手机 App 录制工具进行说明。

手机自带录屏工具

目前大部分智能手机都自带"屏幕录制"功能,用户可以通过这一功能来进行屏幕录制。

以华为智能手机为例,下划手机状态栏显示控制中心,点击"屏幕录制"图标开始录制手机屏幕,录制完成后点击"停止 00:57"图标即可结束录制并将录制的内容存储在相册中。如图 10-1 所示的是手机自带录屏工具录制过程。

图 10-1

录制手机屏幕时,点击"麦克风 麦克风"图标可设置是否录制麦克风声音。蓝色为打开状态,可录制麦克风声音;白色为关闭状态,仅录制系统声音。

若控制中心没有"屏幕录制"图标,可点击"编辑"图标,在弹出的菜单中选择"编辑快捷开关"选项,即可自定义显示在控制中心中的图标。如图 10-2 所示为在控制中心中添加"屏幕录制"图标的过程。

微课开发与制作一本通

图10-2

除此之外，还可通过手势快速开启录制功能。在"设置"面板中选择"辅助功能"选项中的"快捷启动及手势"选项，选择开启"录屏"功能即可。如图10-3所示为设置过程。

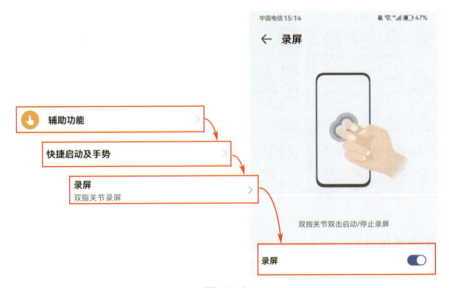

图10-3

具体录制内容可根据课程需要进行设计。

10.1.2　WPS Office录制工具

移动端WPS Office可用于录制PowerPoint课件，这使得课件的讲解与录制脱离时间和空间的限制，具有更高的自由度。

在WPS Office中打开任意一个PowerPoint课件，在下方工具栏中点击"工具"图标，在弹出的选项中选择"特色功能"选项卡，选择"录制网课"选项进入播放模式，等待倒计时完成后即可开始录制。如图10-4所示为WPS Office录制课件的过程。

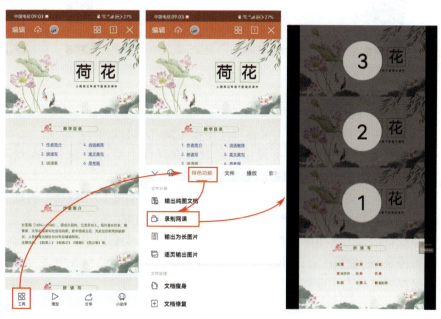

图10-4

除此之外，播放课件时点击屏幕中心，在弹出的界面中点击右上角的"录制"图标，等待倒计时完成后同样可以开始录制，如图10-5所示

图10-5

移动端WPS Office录制过程中，可以根据需要添加相应内容标记。点击屏幕中心，在弹出的图标中根据需要点击相应的图标，即可在课件中绘制线条进行标记，或结束录制。如图10-6所示为课件录制界面。

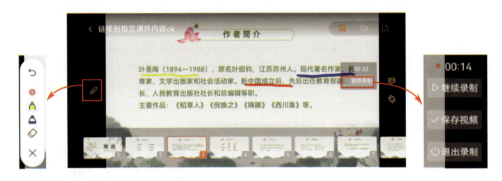

图10-6

该界面中部分常用图标作用如下：

● 激光笔：点击该图标，可在课件中模拟激光笔的效果。

● 画笔：点击该图标，可模拟画笔效果在课件中绘制线条。再次点击该图标，在弹出的面板中可以调整画笔的颜色及线条粗细。

● 荧光笔：点击该图标，可模拟荧光笔效果在课件中绘制线条。再次点击该图标，在弹出的面板中可以调整荧光笔的颜色及线条粗细。

● 橡皮：点击该图标，在绘制内容上点击可删除绘制内容。

● 暂停录制：点击该图标，可暂停录制。在弹出的列表中还可选择继续录制、保存视频或退出录制。

经验之谈

使用移动端WPS Office录制课件时，并不会将选择画笔及通过缩览图选择页面的过程录入进去。

10.2 用手机App剪辑视频

通过手机录制的微课视频，可以直接在手机App中进行编辑。本节将对视频的编辑操作进行说明。

常用视频剪辑App

常用的视频剪辑App包括剪映、畅片、秒剪等。其中，剪映具备全面的"剪辑"功能区，且素材资源丰富，可满足教师大部分的剪辑需要，也是应用较为广泛的视频剪辑App之一；畅片是一款简单实用的视频剪辑App，支持教师自定义剪辑，也可以根据模板一键出片；秒剪是微信官方出品的视频制作App，操作简单，效果丰富，同时支持模板一键制作。如图10-7所示依次为剪映、秒剪及畅片App的首页面。

图 10-7

不同的视频剪辑App的用法基本大同小异，教师可以根据个人倾向选择合适的App剪辑微课视频。

 ## 导入视频素材

以剪映为例，打开移动端剪映，点击"开始创作"图标，在弹出的界面中即可选择相册、剪映云或App素材库中的素材进行应用。如图10-8所示为视频素材导入过程。

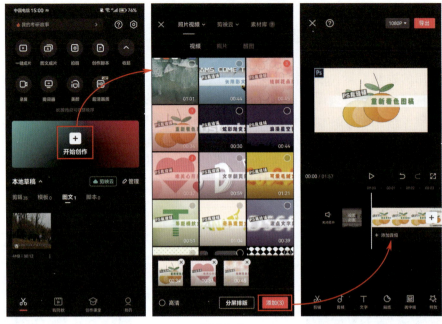

图10-8

> **经验之谈**
>
> 导入素材时,教师可以在相册、剪映云或素材库中分别选择素材导入,导入的素材将按照选择的顺序依次出现在时间轴中。若在编辑时想要添加素材,可以点击"添加"图标,打开素材界面选择素材进行添加。

 剪辑视频内容

添加素材后,点击底部功能条的"剪辑"图标,将出现与"剪辑"功能区相关的图标,通过这些图标,可以对素材作出分割、变速、色调调整等操作。如图10-9所示为"剪辑"中的图标。

图10-9

下面将对视频内容的剪辑操作进行说明。

(1) 分割素材

分割是指将素材分割为两段，以便对素材进行不同的操作。移动时间线至要分割的素材处，点击"分割"图标即可将素材分割为两段。如图10-10所示为分割前后效果。

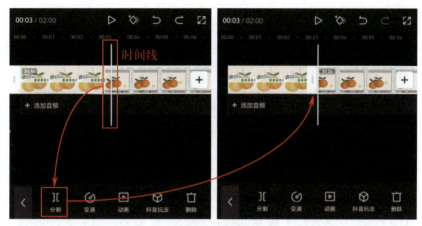

图 10-10

(2) 变速素材

变速可以调整素材的速度，使素材更具节奏感。选中要变速的素材，点击"变速"图标，在底部功能条中可以选择"常规变速"图标或"曲线变速"图标。如图10-11所示为选择不同变速图标的效果。设置完成后点击"应用✓"图标即可应用设置。

图 10-11

常规变速是指将视频素材以固定速度进行变速；曲线变速则可以在一段素材中设置不同速度，突出重点。

(3) 抠像和蒙版

抠像和蒙版都可用于抠图，但剪映中的抠像可以自定义抠除区域，蒙版则具有固定的形状。

① 抠像　选中时间轴中的素材，点击"剪辑"功能区中的"抠像"图标，在底部功能区中可使用智能抠像、自定义抠像和色度抠图三种方式抠像。其中，智能抠像是软件自主进行抠像；自定义抠像是使用画笔选取要保留区域，其余区域将被抠除；色度抠图是通过颜色进行抠图，首先使用取色器选取颜色，再设置强度即可抠除选取的颜色。如图 10-12 所示为三种抠像效果。

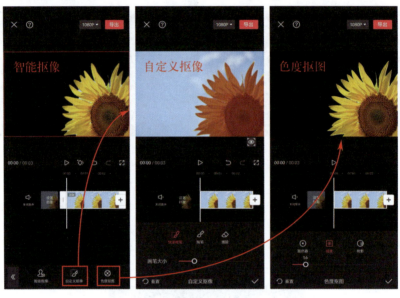

图 10-12

② 蒙版　选中时间轴中的素材，点击"蒙版"图标，在底部功能区中可选取蒙版形状，双指在预览区域相对拖拽可调整蒙版大小，一指不动另一指拖拽调整角度可调整蒙版角度，按住"羽化"图标拖拽可设置蒙版边缘虚化效果，点击"反转"图标可更改蒙版效果。图 10-13 为蒙版调整效果。

(4) 编辑素材

在剪映中，教师可以旋转素材、镜像素材或裁剪素材，使其满足微课的制作需要，还可以替换或复制素材。

① 编辑素材　选中时间轴中的素材，点击"剪辑"功能区中的"编辑"图标，在底部功能区中选择图标可设置素材旋转或镜像，选择"裁剪"图标还可以裁剪素材。

② 设置素材不透明度　选中时间轴中的素材，点击"剪辑"功能区中的"不透明度"图标，可设置素材的不透明度，数值越小，素材越透明。

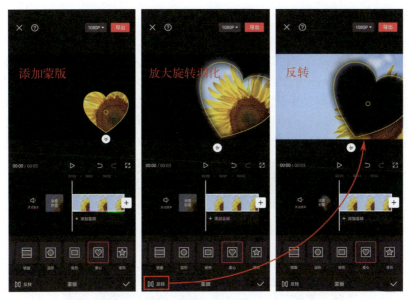

图 10-13

③ 替换素材　剪映中的替换可保留原素材上设置的效果。选中时间轴中的素材，点击"剪辑"功能区中的"替换"图标，在素材面板中选择要替换的素材即可。如图 10-14 所示为替换前后效果。

图 10-14

④ 复制素材　剪映中的"复制█"图标可用于快速复制素材。选中要复制的素材，点击"剪辑"功能区中的"复制█"图标即可在选中素材后复制粘贴一个相

同的素材。

(5) 美化素材

剪映中的滤镜和调节都可以对视频素材的色彩风格进行设置。其中，滤镜类似于设置好的预设，选择即可直接对视频画面进行调节；而调节可以自定义调节效果。

① 滤镜　　选择时间轴中的素材，点击"剪辑"功能区中的"滤镜⊘"图标，选择预设即可调整选中素材画面的效果。如图10-15所示为调整前后效果。点击"清除⊘"图标可清除滤镜效果。点击"全局应用 全局应用 "图标可将滤镜应用至全部素材。

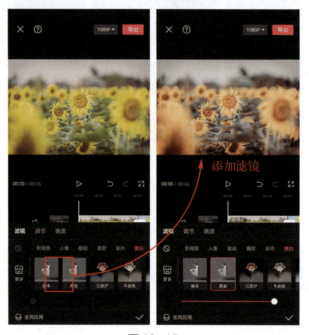

图 10-15

② 调节　　剪映中的调节类似于 Photoshop 软件中的"调整"命令，通过"调节"中的图标，可以对视频素材的亮度、对比度、饱和度等进行设置，还可以为素材添加暗角、颗粒等效果。如图10-16所示为剪映"调节"中可调整的内容。

图 10-16

(6) 音频设置

音频是微课中非常重要的内容，在录制微课时受限于环境，可能会导致音频质量不高，教师可以在剪辑视频时对音频进行调整，使其满足课程需要。在剪映的"剪辑"功能区中，可以对视频音频的音量、杂音、音色等进行调整，还可以从视频中分离出音频，以便单独调整音频。

① 音量　音量又称音强、响度，是指声音的强弱。选中带有音频的素材，在"剪辑"功能区中点击"音量■"图标，拖动滑块即可调整音量。

② 音频分离　选中时间轴中的素材，在"剪辑"功能区中点击"音频分离■"图标，即可分离音视频素材。

③ 降噪　降噪是指降低音频中的杂音。选中时间轴中的素材，在"剪辑"功能区中点击"降噪■"图标，软件将自动播放音频并降低其中的噪声。

10.2.4　添加视频字幕

字幕是视频教学中不可或缺的部分，它可以加深学生的记忆，提高学习效率，在剪映中可以通过两种常用方式添加字幕。

(1)　新建文本

点击底部功能区中的"文字■"图标进入"文本"功能区，移动时间线至要添加字幕的位置，点击"新建文本"按钮即可在视频中新建文本。选中时间轴中的文本素材，在预览区域中可调整其角度、大小等参数。用户也可以点击底部功能区中的图标，对文本进行编辑修改。如图10-17所示为文字编辑效果。

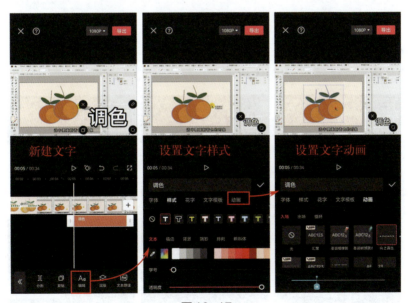

图10-17

(2)　识别字幕

若录制的素材中具备音频，用户可以直接点击"文本"功能区中的"识别字幕"图标，软件将自动识别音频生成字幕，用户还可以对生成的字幕进行编辑，修改其中的错别字。

10.2.5 视频导出

微课视频剪辑完成后，即可将其导出。点击右上角的"导出 导出"图标，等待进度条完成后，即可将微课视频以MP4的格式保存至相册和草稿中。

为录制视频添加转场效果

转场又称视频过渡，是指场景之间的转换效果。制作微课视频时，教师可以在两段素材之间添加转场效果，使素材过渡流畅，观看体验更佳。下面就以封面及视频之间的转场为例，介绍具体的添加方法，效果如图10-18所示。

图10-18

步骤 01：打开移动端剪映，点击"开始创作 开始创作"图标，在弹出的界面中选择相册中的素材进行应用，如图10-19所示。

图10-19

步骤 02：点击底部功能区中的"文字"图标进入"文本"功能区，点击"识别字幕"图标自动生成字幕，并对错别字进行修改，如图10-20所示。

图10-20

步骤 03：点击视频素材之间的图标，选择合适的转场进行添加，如图10-21所示。点击右上角的"导出"图标将视频导出。至此完成转场效果的添加。

图10-21

制作画中画效果

制作微课时，常常会需要在画面中添加画中画效果，以便更加全面地讲解课程。如何在微课视频中添加画中画是许多教师比较困惑的一点。下面就对制作画中画效果进行说明。

打开草稿箱中的素材，点击底部功能区中的"画中画"图标，点击"新增画中画"图标选择要添加的画中画素材，在剪辑预览区中双指划动进行缩放，将其移动至合适位置，如图10-22所示。

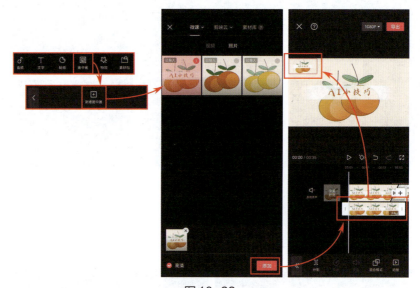

图10-22

在时间轴中选中画中画素材右侧图标，按住拖动延长其时间，如图10-23所示。

图10-23

该步骤中需根据实际情况进行操作。

第 11 章
微课的分享与发布

微课的最终目的是帮助学生更好地进行学习,这就需要教师将制作好的微课上传到不同的平台,以供学生观看。针对不同类型的微课,教师可以选择侧重不同的网站进行发布。本章将对不同的分享与发布方法进行说明。

扫码观看
本章视频

微课开发与制作一本通

11.1 手机投屏共享微课

投屏技术可以将手机的小屏与电脑、电视等大屏相连接。在教学中，教师可以通过该技术将手机上的微课投屏。本节将对手机投屏的操作进行说明。

 手机自带投屏工具

大部分智能手机都自带投屏功能，可以进行简单的投屏操作。以华为手机为例，下划手机状态栏显示控制中心，点击"无线投屏 "图标，系统将请求开启WLAN和蓝牙，开启后系统将搜索可用设备，在搜索到的设备列表中选择对应的大屏设备名称即可投屏。如图11-1所示为投屏过程。

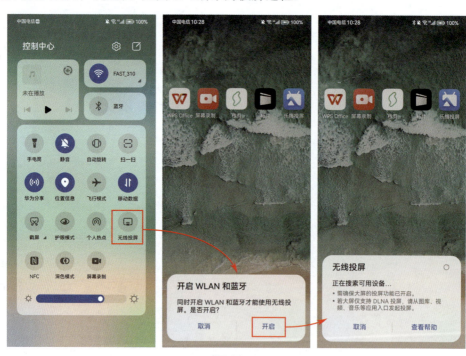

图 11-1

> **经验之谈**
>
> 手机自带无线投屏需要手机与电脑或电视处在同一网络下，且大屏设备支持接收Miracast。

教师也可以在"设置"面板中选择"更多连接"选项中的"手机投屏"选项，选择开启"无线投屏"功能。如图11-2所示为设置过程。

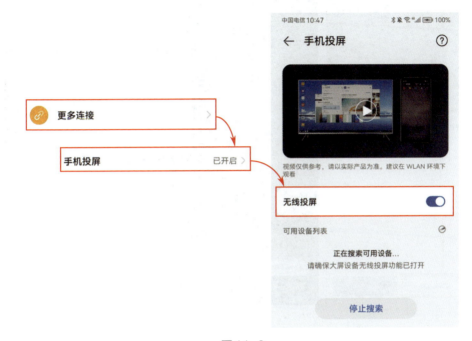

图11-2

手机投屏App

除了手机自带投屏工具外，教师也可以通过在手机、电脑及电视中下载投屏软件实现投屏操作。常用的投屏App包括乐播投屏、投屏助手等。

以乐播投屏为例，在手机端及电脑端均下载乐播投屏，并打开软件，在电脑端软件界面中选择"接收投屏"选项卡，在手机端软件中点击"屏幕镜像"开始搜索设备，若搜索不到可选择"投屏码连接"或"扫码连接"选项，输入电脑端"接收投屏"选项卡中的投屏码或扫描二维码后，在电脑端允许连接即可进行投屏。如图11-3所示为乐播投屏的投屏效果。

注意事项：手机投屏是在局域网内的大小屏幕互动，有一定的距离限制。手机投屏的距离取决于路由器无线网的范围。工业级的路由器无线网的传播距离为200～300米，且要求处在空旷的环境下，而普通级路由器无线距离是30～50米（在空旷的环境下）。当有墙体、玻璃、门等阻隔时，传输距离和信号强度还会大打折扣。

图 11-3

要结束投屏时,点击手机端的"结束投屏"按钮或直接关闭"乐播播放器视频"即可。

11.2 微课视频的发布

除了投屏播放外,教师还可选择将微课视频发布在不同的平台,以便学生自主观看。本节将对微课视频的发布进行说明。

 ### 在网站平台中发布

在网站平台中发布微课视频,可以方便更多学生观看学习,使微课视频的普及率更高。不同的网站平台发布方法大致相同。下面将以微信视频号发布平台为例,来介绍微课视频的发布操作。

微信视频号分手机版和电脑版两种,手机版操作方便,教师只需根据手机微信发布向导一步步地设置即可,如图 11-4 所示。

第 11 章 微课的分享与发布

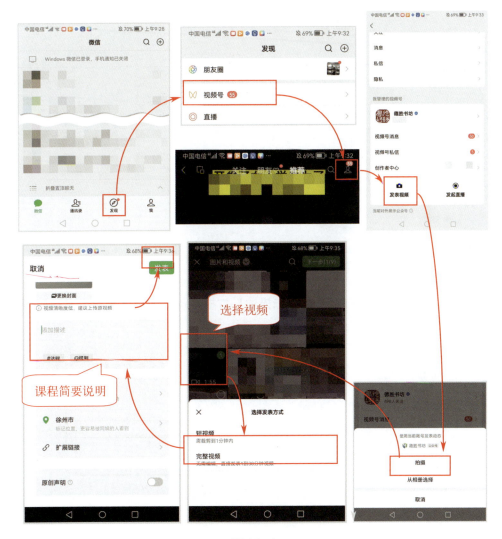

图 11-4

如果是利用电脑制作的课程视频，最好是利用微信电脑版平台来发布，这样可以保证视频画面的清晰度。这里就需要借助视频号助手网站平台，它是微信为视频号创作者提供内容上传管理、数据查询等功能的专属服务平台。在百度搜索栏中直接输入"视频号助手"关键字即可查找到该平台。如图 11-5 所示的是视频号助手首页面。

图11-5

单击首页中的"发表动态"按钮，进入"动态管理/发表动态"界面。单击"＋"按钮可上传课程视频，在"动态描述"方框中可对当前课程内容进行简要说明，如图11-6所示。

图11-6

如需定时发布，单击"定时"单选按钮，并在"发表时间"设置框中设定好时间，单击"发表"按钮即可发布，如图11-7所示。

图 11-7

11.2.2 在 QQ 群或微信群中发布

教师可以选择在 QQ 群或微信群中发布微课视频，这是一种非常便捷的方式。

（1）在 QQ 群中发布微课视频

进入 QQ 群后，点击右上角的"菜单"图标，在群应用中选择"文件"进入"群文件"界面，点击右上角的"上传 "图标，在弹出的快捷菜单中选择"上传视频"选项，选择要上传的微课视频上传即可。如图 11-8 所示为 QQ 群发布微课视频的过程。

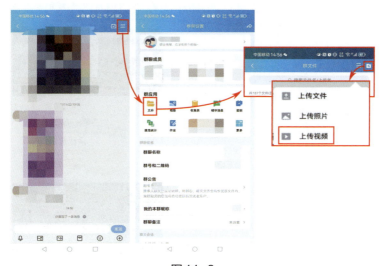

图 11-8

用户也可以在相册中选择要发布的微课视频,点击"发送"或"分享"图标,在弹出的选项中选择QQ应用程序,然后选择指定的好友或群进行发布,如图11-9所示。

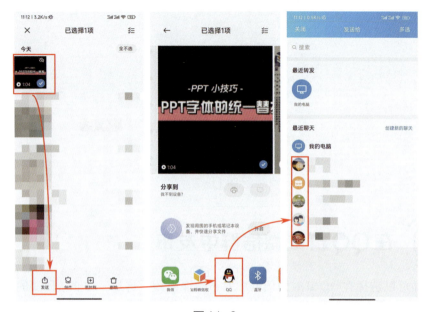

图11-9

(2) 在微信群中发布微课视频

进入微信群后,点击文本输入框右侧的"⊕"图标,点击"相册"图标,选择要发布的视频,选择"原图"选项以保证视频清晰度,完成后点击"发送"按钮即可将视频发布在微信群中。如图11-10所示为在微信群中发布微课视频的过程。

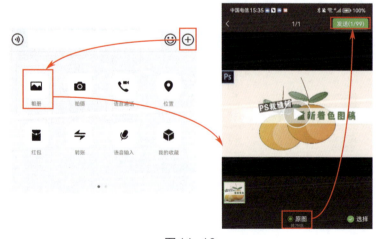

图11-10

11.2.3 在钉钉/企业微信 App 中发布

钉钉和企业微信是校园网课中常用的教学平台，教师也可以通过钉钉和企业微信发布微课视频。

（1）在钉钉中发布微课视频

打开钉钉后进入要发布微课视频的群聊，点击右上角的"…"图标进入"群设置"界面，点击"文件"图标，点击右下角的"➕"图标选择"上传视频"即可选择微课视频进行上传。如图11-11所示为在钉钉中发布微课视频的过程。

图 11-11

（2）在企业微信中发布微课视频

打开企业微信后选择"工作台"选项卡，选择"更多"选项中的"微盘"选项，点击"➕"图标选择"创建共享空间"选项即可创建共享空间并添加成员。在共享空间中上传微课视频，可分享给微信学员直接查看。如图11-12所示为创建共享空间的过程。

在"微盘"中选择创建的共享空间，点击"➕"图标选择"上传文件"选项，选择"从本地文件上传"即可选择微课视频进行上传。

微课开发与制作一本通

图 11-12

经验之谈

教师也可以在企业微信群中选择发送"图片",在相册中找到要发送的微课视频进行上传发布。

拓展练习

在抖音平台中发布微课

抖音平台是普及率比较高的一个视频平台,教师可以在该平台上发布微课,便于学生查看。下面将对其具体发布方法进行说明,发布效果如图 11-13 所示。

步骤 :启动抖音 App,点击底部功能区的""图标新建视频,点击"相册"图标选择要发布的微课,如图 11-14 所示。

图 11-13

第 11 章 微课的分享与发布

图 11-14

步骤 02：点击"下一步"图标设置发布信息，完成后点击"发布"按钮即可将微课发布在抖音平台，如图 11-15 所示。至此完成微课视频的发布。

图 11-15

205

在哔哩哔哩平台中发布微课

哔哩哔哩网站简称B站，该网站已涵盖7000多个兴趣圈层的多元文化社区，是国内领先的年轻人文化社区。下面将介绍如何在B站发布课程视频的操作。

进入哔哩哔哩网站首页，登录后，单击页面右上角"投稿"按钮，进入投稿界面，单击"上传视频"按钮，或将课程视频拖拽至该区域，如图11-16所示。

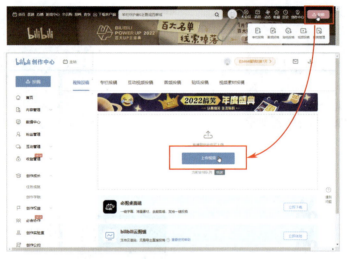

图11-16

在"基本设置"界面，用户可对视频封面、标题、类型、分区、标签等信息进行设置，完成后单击"立即投稿"按钮即可发布视频，如图11-17所示。

图11-17

附录

附录A 轻松录制可汗式微课

可汗式微课指的是可汗学院❶所录制的微课模式。这种录制模式比较简单,其特征是主讲教师利用手绘板(数位板)在电子黑屏中进行书写教学,视频效果更接近于传统课堂的"粉笔+黑板",如附图1所示。

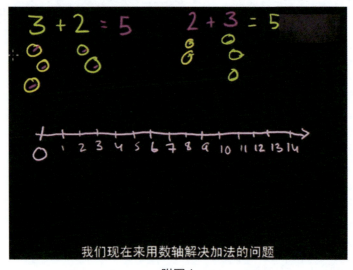

附图1

与单纯录屏式微课相比,可汗式微课更受学生欢迎。主讲教师在黑屏上边讲解边标注,学生能够清楚地了解讲课的重点,并且会随着老师的讲解思路进行同步思考,从而实现学习过程思维的可视化。特别是对于一些公式的推理演算的课程来说,可汗式微课模式是再合适不过了。

(1) 可汗式微课常用录制工具

可汗式微课录制工具非常简单,只需准备好以下这4种工具就可以轻松录制。
- 电脑:录课必备工具。
- 录屏软件:录制讲课过程的软件。
- 手绘板(数位板):书写微课的必备工具。
- 屏幕书写软件:实现屏幕书写功能的软件。

其中电脑和录屏软件就不介绍了,这是录课的必备工具。手绘板(数位板)是一种输入设备,通常是由一块触控板和一支压感笔组成,如附图2所示。它可以在电脑屏幕中进行任意书写或绘画,比用鼠标写字要方便得多。

---

❶ 可汗学院是由萨尔曼·可汗创办的一家非营利性教育机构。该机构提供了超过650个视频课程,其领域涵盖数学、历史、金融、物理、化学、生物学、天文学、经济学、计算机科学等。

附图2

屏幕书写软件是指能够在屏幕中自然书写或画画的软件。例如，桌面粉笔、ePointer、Whiteboard、SmoothDraw等。附图3所示的是桌面粉笔书写效果。

附图3

工具准备齐全后，打开PPT课件，并启动录屏软件，设置好录制区域。调整好麦克风，同时启动屏幕书写软件，就可以进行录课了，如附图4所示。

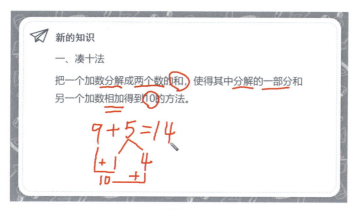

附图4

(2) 利用CourseMaker录制可汗式微课

除了以上录制方法外，用户还可以通过CourseMaker软件来录制可汗式微课。该软件是集录屏式、可汗式、摄录式、交互式等多种形式于一体的微课制作工具，方便教师进行各种形式的录课。正文中已简单介绍过如何用CourseMaker软件制作交互式微课的操作。下面将对可汗式微课的录制方法进行简单讲解。

利用CourseMaker录制可汗式微课只需准备好以下两个工具即可，如附图5所示。

附图5

CourseMaker软件界面与微软PowerPoint软件界面相似，有所不同的是CourseMaker在画布下方添加了轨道区，用户可在此编辑或预览录课的内容，如附图6所示。

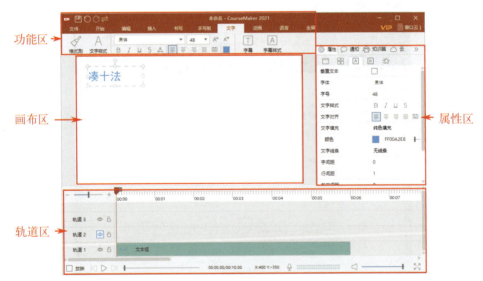

附图6

启动软件后，在功能区中的"插入"选项卡中单击"文字"按钮，可在当前画布中输入课程文字内容，选中文字，在右侧的属性区中可对其文字的样式进行相关设置，如附图7所示。当然也可通过复制粘贴，将所需文字复制到画布中。

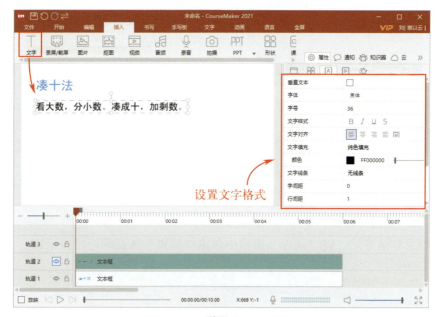

附图7

在功能区中单击"手写板"选项卡,查看一下手绘板设备是否已连接,如附图8所示。

附图8

接下来,在"开始"选项卡中单击"录课"按钮,在打开的"录课"界面中可以调整麦克风设备,如附图9所示。

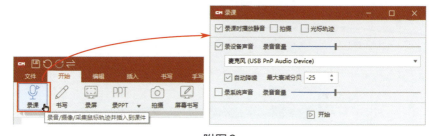

附图9

单击"开始"按钮,进入倒计时。倒计时完成后就可利用手绘板进行录课了,如附图10所示。

附图10

课程录制结束后,在"录课"窗口中单击"结束"按钮即可结束录课。

 经验之谈

在录制过程中如果需要更改笔颜色,单击"开始"选项卡的"屏幕书写"按钮,在"屏幕书写"界面中选择笔的颜色,或者其他属性,设置完成后关闭该界面即可,如附图11所示。

附图11

结束录制后,画布上会显示录制的语音图标,在轨道区中会显示当前画布中所有的操作,如附图12所示。

附图12

在轨道区中单击"▷"按钮，可对录制的课程进行预览，如附图13所示。

附图13

预览后，会发现输入的文本默认只显示6秒，为了使其与对应内容同时显示，则需要在轨道中调整该文本的时长，如附图14所示。

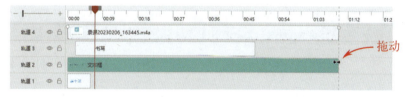

附图14

调整完成后，保存一下该文件。在"开始"选项卡中单击"导出"按钮，在其列表中选择"视频/音频文件"选项，在"导出视频/音频"界面中设置相关参数，单击"导出"按钮即可，如附图15所示。

附图15

附录B PPT课件制作常用快捷键汇总

功能键

按键	功能描述
F1	获取帮助文件
F2	在图形和图形内文本间切换
F4	重复最后一次操作
F5	从头开始运行演示文稿
F7	执行拼写检查操作
F12	执行"另存为"命令

Ctrl组合功能键

组合键	功能描述	组合键	功能描述
Ctrl+A	选择全部对象或幻灯片	Ctrl+B	应用（解除）文本加粗
Ctrl+C	执行复制操作	Ctrl+D	生成对象或幻灯片的副本
Ctrl+E	段落居中对齐	Ctrl+F	打开"查找"对话框
Ctrl+G	打开"网格线和参考线"对话框	Ctrl+H	打开"替换"对话框
Ctrl+I	应用（解除）文本倾斜	Ctrl+J	段落两端对齐
Ctrl+K	插入超链接	Ctrl+L	段落左对齐
Ctrl+M	插入新幻灯片	Ctrl+N	生成新PPT文件
Ctrl+O	打开PPT文件	Ctrl+P	打开"打印"对话框

续表

组合键	功能描述	组合键	功能描述
Ctrl+Q	关闭程序	Ctrl+R	段落右对齐
Ctrl+S	保存当前文件	Ctrl+T	打开"字体"对话框
Ctrl+U	应用（解除）文本下划线	Ctrl+V	执行粘贴操作
Ctrl+W	关闭当前文件	Ctrl+X	执行剪切操作
Ctrl+Y	重复最后操作	Ctrl+Z	撤销操作
Ctrl+Shift+F	更改字体	Ctrl+Shift+G	组合对象
Ctrl+Shift+P	更改字号	Ctrl+Shift+H	解除组合
Ctrl+Shift+" > "	增大字号	Ctrl+"="	将文本更改为下标（自动调整间距）
Ctrl+Shift+" < "	减小字号	Ctrl+Shift+"="	将文本更改为上标（自动调整间距）

多媒体课件制作
技能微视频